王蒙这十年

王干　王洪　著

人民出版社

目　录

前　言
辉煌十年　巅峰时刻

朝发夕至，暮鼓晨钟，又是一个十年。古老的历法与时代的新算法，一样喜欢以十年为一个年代的计量单位，标志着人类的历史进入崭新的年代。一个人，一个人的人生又何尝不是。

2013年10月，王蒙说，我满79岁实足年龄，按照咱们中国本土的习惯，可以毫不迟疑地自称八十老翁了。"事随年代远，名与图籍留。"

十年春秋耕耘路，硕果芬芳铸辉煌。王蒙这十年，以"80后"的姿态和超越生死的感受，将写作变成生活，迎接新时代。王蒙这十年，既不是黄庭坚的"桃李春风一杯酒，江湖夜雨十年灯"的十年，也不是韦应物"浮云一别后，流水十年间"的十年，却是王蒙"还要抖擞精神、还要激动细胞"的十年。

十年艰辛终不负，一生韶华最可期。王蒙这十年，是从高原攀上巅峰的十年。作为与新中国共同成长的作家，王蒙在文坛辛勤耕耘70载，是共和国文学的代表性作家，是一个时代的文学标志和丰碑。是时代选择了王蒙？还是王蒙选择了这个时代？2019 年王蒙荣获首届"人民艺术家"国家荣誉称号。这是对一个"时代之问"最好的注脚，这也应该是双向奔赴、双向选择的最佳答案，这更是王蒙一生中作为一个共和国作家的至尊无极的精彩。中国文艺的星空，从古到今，群星闪耀、铄石流金：从老子、孔子、庄子、孟子、屈原、王羲之、李白、杜甫、苏轼、辛弃疾、关汉卿、曹雪芹，到鲁迅、郭沫若、茅盾、巴金、老舍、曹禺，以及聂耳、冼星海、梅兰芳、齐白石、徐悲鸿，从诗经、楚辞到汉赋、唐诗、宋词、元曲以及明清小说，从《格萨尔王传》《玛纳斯》到《江格尔》史诗，从五四时期新文化运动、新中国成立到改革开放的今天，产生了灿若星辰的文艺大师，留下了浩如烟海的文艺精品，不仅为中华民族提供了丰厚滋养，而且为世界文明贡献了华彩篇章。新中国的文学艺术史上，从没有一个作家像王蒙一样，获得"人民艺术家"的国家荣誉称号，因为共和国的历史赋予王蒙写作的巨大动力和文学资源，而王蒙的写作为共和国留下独特的文学文本和精神库藏，成为共和国独一无二的"文学星链"，永远地点亮文学的星空。黑格尔说过："一个民族有一群仰望星空的人，他们才有希望。"

作为与祖国共同成长的作家，王蒙见证了中国当代文学的创作之路。2020 年，50 卷本的《王蒙文集》由人民文学出版社出版，总计近 2000 万字。如此著述颇丰，王蒙仍对自己最新发表的中篇小说《霞满天》颇为看重，产生了广泛的社会影响，因此王蒙说，我对文学的沉醉是真的。小说发表的同时，他还写了一篇500多字的创作谈《日子》，结尾处有这样一段话：因为有文学，记忆不会衰老，生活不会淡漠，感情不会遗忘，话语仍然鲜活，思维仍然嘈嘈嘈，童心仍然欢蹦乱跳，诗意仍然在意在胸，日子仍然晶晶亮，我可以告诉读者，我的处女作《青春万岁》的另一个备用题名，叫作《亮晶晶的日子》。那时候的王蒙是年仅19岁的青年，从里到外都是亮晶晶的。青春的光芒没有因时代变迁而褪色。王蒙关注人民的命运，书写人民生活的变迁，这样的情怀和使命不是仅仅为了个人的抒情、个人才俊的显示才写作，而是希望自己的创作和成果对国家有利，对人民有利，能够表达人民的愿望和心声。

　　王蒙这十年，是从奋进有为到创造辉煌的十年。2014年以后，王蒙的第二个"春之声"时代再度降临。《女神》《闷与狂》《笑的风》《猴儿与少年》等当年被称为"集束手榴弹"的意识流作品化身为多弹头导弹，让略显沉闷的小说界为之一震。因为进入新世纪之后，尤其近十年来，曾经的先锋精神逐渐消退，曾经的先锋派也慢慢转向写实、转向常规化写作，而王蒙反其道而行之，他继续高举先锋的旗帜，继续进行着探索和实验。步入晚年，王蒙在文学上的创新能力并没有因为年龄变大而衰退，在80岁之后，他又"老夫聊发少年狂"，写出了一系列"超文本"的小说，成为先锋文学一面不倒的旗帜，也是先锋文学最忠实的"守灵人"。2015年，81岁的王蒙因长篇小说《这边风景》首获茅盾文学奖，这是新疆生活 16 年给他的馈赠。70 万字的《这边风景》被人们称为中国当代文学中《清明上河图》式的民俗画卷"，但王蒙说，这部作品把维吾尔人的"柴米油盐酱醋茶""喜怒哀乐""打馕、做汤""洞房花烛夜"都写到了。在这种意义上，作品的主角或许并非哪一个具体的人物，而是"生活"本身。生活让巴彦岱成为王蒙的第二故乡，他常说新疆人民对他恩重如山。王蒙和新疆连接着茂密而绵长的根系，是新疆的养分让这个根系能生发出取之不尽的深情大爱的新疆故事。长篇小说《这边风景》40 年后出版并获茅盾文学奖，对于王蒙来说是勇敢一搏后的心想事成，个中不能说不蕴含着悲怆，但更多的则是王蒙独有的那种隐而不露的自信与自觉。如果说曾经错过茅盾文学奖的《活动变人形》是当代文学史的遗憾，那么《这边风景》的获奖，虽是旧作新出，但属于文学园地盛开的老树新花，实至名归。王蒙说，好的文学和艺术作品，是对死亡的抵抗，是对生活的依恋，是对时光的挽留。

王蒙这十年，镜子一样映射了共和国辉煌而艰辛历程的十年。他用自己的一本又一本的著作，为共和国留下了活的心灵档案。2019 年，在新作《生死恋》的序言中，王蒙写道："王蒙老矣，写起爱情来仍然出生入死。王蒙衰乎，写起恋爱来有自己的观察体贴。有一种说法叫成长到死，那么小说也可以创造到老，书写到老，敲击到老，追求开拓到老。"新时代的王蒙依然充满了创作的活力，10 年创作出版了 10 部长篇小说，相比较 1978 年到 2012 年间他只创作出版 6 部长篇小说，这 10 年的产能是从前 34 年的 2.5 倍。王蒙一面以文学作品记录当下的生活情态和精神状态，回顾历史钩沉往事；一面在自己迈进 80 岁之后，依然保持着学习和创作的激情，潜心研究国学，先后出版了《老子十八讲》《与庄共舞》等文集。因应时代的变化，他写了《写给年轻人的中国智慧》，帮助年轻人了解中国的传统文化；推出了《王蒙解读传统文化经典系列》，将中华传统文明与现代文明进行有机的转化与创新，同时将传统文化经典的解读系列化、大众化、通俗化，开创新天地，进入新境界。他还推出王蒙讲《红楼梦》的音视频节目，在新媒体上赢得几百万的播放量。王蒙化身星链，用这一磅礴巨制链接着中华传统文化与现代文明，承前启后，贯通古今，连接中外。随着时间的推移，他的这些著述和他的文学作品交相辉映，在共和国的星空中，将发出更加璀璨的光芒。

　　王蒙喜欢春天，热爱春天，他知道文学的未来在于青年，文学的春天也在青年作家身上。从知青作家到"60 后"的余华、陈染，从"80 后"的张悦然到"90 后"的郑在欢，都得到王蒙不同方式的扶持和激励。70 年前，王蒙欢呼青春万岁，70 年后已经耄耋之年的他，将青春的火炬用特殊的方式传递到更年轻的作家手中。王蒙赞同铁凝的看法：文学最大的力量，在于焕发人的生机。生活中，年近 90 的王蒙仍在坚持游泳、走路，笑称自己是耄耋肌肉男。他称自己的书房是车间，在这个车间里，他仍是文学生产一线的劳动力。有文学和没有文学的人对生活的感受是不一样的，热爱文学的人对生活会有更深的体会、更细腻的感触。

2023年10月，满89周岁的王蒙，将进入九十鲐背。他入党75年，从事文学创作也有70个年头。跨越有限的时间和空间，王蒙又走过辉煌十年，跃上了人生巅峰时刻。

一、金色大厅的芳华

2019 年，中华人民共和国七十华诞。

七十载，征途漫漫；七十年，转眼一瞬。

国庆七十周年前夕，9 月 29 日，85 岁的王蒙迎来人生中最光辉的一天。这天，王蒙在北京人民大会堂金色大厅被授予"人民艺术家"国家荣誉称号。

9 月的北京，早已披上了节日的盛装。天安门广场装扮一新，人民大会堂璀璨夺目，金色大厅庄重热烈。29 日上午，国宾护卫队护卫着全体国家勋章和国家荣誉奖章获得者乘坐的礼宾车，一路向东，木樨地、复兴门、新华门……这条路，步行或乘车，游览中或是在游行的队伍里，王蒙走过无数个来回，既有喜悦也有哀伤。但今天坐在礼宾车里的王蒙，看到窗外的长安街两旁，葱茏的林荫，鲜艳的道旗，宽阔的街道，一切都是喜庆的、祥和的、美好的。回望自己的 85 个春秋岁月，从生命的开始他就始终开启着一个发光的过程，不仅燃烧着自己的人生，也照亮着生活的方方面面。70 年前，从他革命的起点到 19 岁时浪漫的初恋，从《组织部来了个年轻人》到他人生的大起大落，王蒙从不忘记初心，更不违背初心，所以他早就埋下了坚定的信念：我们必须努力，我们必须使社会、使国家、使人类、使我们自身比已有的现有的其他国家社会好上千倍万倍。不是吗，今天的日子，是从站起来到富起来再到强起来走共同富裕道路幸福的日子，是充满遐想的日子，每一个人都在憧憬着令人神往的中国梦。"让所有的日子都来吧！""让所有的日子都去吧！"只有这个时候，人们才明白王蒙为什么在《青春万岁》诗篇中发出正反相悖的呼唤，因为他参与到了创造幸福日子的伟大征程中，既有满怀激情的喜悦，也曾历经坎坷，大开大合，大起大落，大彻大悟。但无论如何，让祖国母亲过得更好，是王蒙践行一生的承诺。

人民大会堂东门外广场，多么熟悉的地方啊。对王蒙来说，他不仅仅是以往从这里经过，有时候是从这里沿着台阶拾级而上，走进大会堂行使人民当家作主的权利；有时候，他甚至作为主宾方迎接来自五洲的宾朋，代表着国家讲好中国故事，讲好中国文化的故事，讲好中国文学的故事。铿锵的"国歌"旋律，不屈的"国歌"旋律，奋进的"国歌"旋律，一次次地回荡在这里的上空，也一次次地掠过他的心弦，鼓荡起他昂扬的斗志。

今天不同，今天的"国歌"在王蒙看来更具有宣誓的作用、褒扬的作用，是一个伟大民族对她优秀儿女的歌颂与鼓励。高擎红旗的礼兵分列道路的两侧，肩枪的礼兵在台阶上庄严地矗立，响彻耳旁的还有代表着希望与未来的青少年热情欢呼致意，这一切是人民对英雄模范的敬仰之意，是人们从内心深处迸发出的爱的情愫。让这位曾经的少年共产党员、共和国部长，今天的功勋模范，拾级而上时则有着别样的感慨：祖国不会忘记，人民不会忘记。当年参加革命、少年入党，心向往之的不是荣耀而是壮志与牺牲，是青春的激扬和随时为国家的大厦添砖加瓦，是做一颗小小的螺丝钉而努力地奉献。八十四载，岁月蹉跎，无论是普通一员，还是作为共和国的部长，他始终认定自己是一个作家的身份用手中的笔躬身敬业。此刻的国歌声和着昂扬的欢呼声，像是献给出征归来的勇士的战歌，更是激励人们迈进新时代的嘹亮号角。

当进入会场的大门启动，当习近平总书记领着大家向荣誉的殿堂阔步行进，当党和国家领导人与各界代表起立鼓掌时，此时的王蒙却有着超然的稳健和平静，沉淀着丰富的人生阅历，晚年唯好静，老骥思千里。他徐步而坚定地走在获奖者的中间，和中共中央总书记、国家主席、中央军委主席习近平一起步入金色大厅，等待着那光辉的一刻：王蒙将在这里登台接受国家最高领导人授予国家荣誉称号奖章，并作为行业的翘楚、国家的功勋、人民的模范，以"人民艺术家"的名誉，永远地镌刻在共和国发展的史册上。

王蒙是在国家首次集中评选时，被授予"人民艺术家"国家荣誉称号的。根据相关规定，国家荣誉称号每五年授予一

王蒙佩戴"人民艺术家"国家荣誉称号奖章的留影

次，授予那些在各行业各领域作出重大贡献、享有崇高声誉、道德品质高尚、人民群众公认的杰出人士，在中华人民共和国成立"逢五""逢十"周年时进行，有需要时可及时授予。经过严格而庄重的遴选程序，2019年8月27日，王蒙与其他27位同志一起入选党和国家功勋荣誉表彰工作委员会办公室公示的国家荣誉称号建议名单。这是现行宪法公布实施以来的第一次，更是对宪法精神的彰显，具有开创性的意义。这个国家的第一次，对于作家王蒙来讲也是他个人的第一次，饱含着国家的肯定、人民的信任，也更是他自己无尽的光荣。在王蒙看来，一个作家没有优秀作品，其他事情搞得再热闹、再花哨，那也是不能真正深入人的精神世界，是不能触及人的灵魂、引起人们思想共鸣的。王蒙始终牢记，作品是自己的立身之本。热爱人民不是一句空话，以做人民的学生的诚恳，为人民奉献更多的优秀作品，才是爱的完全彻底。

70年来，此前曾经接受过国家和地方政府授予"人民艺术家"称号的仅4人，即：1951年北京市人民政府授予作家老舍"人民艺术家"称号；1951年天津市人民政府授予相声表演艺术家常宝堃"人民艺术家"称号；1953年文化部授予著名画家齐白石"人民艺术家"称号；2004年，国务院追授豫剧表演艺术家常香玉"人民艺术家"称号。这一次，在中华人民共和国成立七十周年之际，王蒙和秦怡、郭兰英一起作为文艺界的代表被授予"人民艺术家"国家荣誉称号，是国家给予作家、表演艺术家和歌唱艺术家的最高荣誉。这既是对他们所创作的作品和艺术成就的高度肯定，也是充分肯定他们是各自文化领域的引领者和德艺双馨的代表。有意思的是，这三位耄耋老人，都跨越两个世纪风雨冰霜并历经革命、建设、改革开放和新时代等不同历史时期沧桑岁月洗礼和锤炼。他们是人民的艺术家，更是满足人民美好精神文化生活的践行者、引领者，他们身上集中地体现一个共同的特点，就是心怀祖国、忠诚于党、热爱人民、拥抱时代；他们身上始终闪耀着一种精神，就是对艺术的不懈追求和富有时代传承的工匠精神，用自己的作品鼓舞人、感染人，为时代而创作，为祖国而放歌。

金色大厅喜气洋洋，巨幅红色背景板上国家勋章、友谊勋章、国家荣誉奖章图案熠熠生辉。当《向祖国致敬》的音乐响起，夫人单三娅亲密地陪伴王蒙登台，而后他健步地走到背景板前，接受了最高领导人颁授的奖章。从这一刻起，王蒙思忖着自己的过往，自己的工作和自己的作品，对国家、对热爱他的读者，甚至于对自己的家庭，对那些故去的和正生机勃勃地追求美好生活的人们，王蒙始终献出的是一片赤诚、无私的爱。王蒙告诉采访他的记者：我是与共和国的命运息息相关的，在共和国的繁荣发展机遇当中，我也分享了这种光荣，我以这70年的历史，来作为我写作内容，为什么我能坚持写下来，因为我有最真切的对共和国的体验、感动和记忆。从这一刻起，对于王蒙来讲无疑也是他人生的崭新开端，他正期待着仍然奋斗着的未来，他发自内心地呼喊：祖国万岁！人民万岁！青春万岁！生活万岁！

是啊，几十年来他与人民事业同频，与国家历史进程同步，并以一个作家的身份和共产党人的情怀，将自己的一切奉献出来。历史的洪流就这样将王蒙这个贫弱的少年吸引到革命的大潮里，从那时起他内心深处就萌发并生根了追求民族独立、人民幸福的坚定信念，他把自己的命运与党的命运、国家的命运、人民的命运紧紧地结合在一起。王蒙总是如此的坦荡，总是把对马克思主义的信仰、对社会主义和共产主义的信念当作自己的政治灵魂，"我愈想愈爱我们的国家，我自己多少次含泪下决心，为了中国，我愿意献出生命"。这一刻，他始终牢记誓言，以不朽的功勋闪耀着青春的光芒。

2020 年 1 月 25 日的"百花迎春——中国文学艺术界联合会春节大联欢"舞台上，特别设置了向 2019 年获得"人民艺术家"国家荣誉称号的文化艺术家楷模们致敬的环节。电影人张凯丽、蔡国庆、姚晨、黄轩、白百何、王志飞，以朗诵诗歌《青春万岁》"序诗"的形式，向王蒙先生表达了敬意。这不仅是一个仪式，也是对一个人的价值的定义。王蒙是值得当代中国几代人去尊敬和爱戴的"人民艺术家"。

"人民艺术家"王蒙，河北南皮人，祖籍河北沧州。1934年 10 月 15 日出生于北平一个知识分子家庭。1984 年是王蒙长大之后第一次回老家，贫穷的家乡泛着盐碱白霜的田地，人民群众的生活仍是难以想象的贫困，给他留下了深刻的印象。这一年，王蒙50岁，看到此情此景，他甚至流下了眼泪，也想到了当初入党时的誓言。经历过改革开放之后，2013年4月初，王蒙从浙江、安徽等地一路参加研讨、演讲，一路看到蓬勃发展的生机和欣欣向荣的景象，内心无比的欣慰。在安徽参观赵朴初故里等名胜后，跳上北上的列车又一次回到家乡，在南皮县龙堂村给祖父王章峰扫墓后，到处走走看看，却是另一番景象。后来的日子，他也多次回到故乡，一年年的变化，像一幅幅美好的画卷铺展在王蒙的心头。2020年12月2日，他将所见所闻的新家乡新面貌写进了在《人民日报》发表的《老城新风记南皮》。王蒙在文中热情地抒发了自己对家

河北南皮县县城城北角的唐代石金刚远近闻名。（彭世团摄）

乡迈进新时代新变化的热爱："虽然我的幼年只在这里待了有限的时间，我仍然牢记着家乡的梨树园，家乡的口音，家乡人对于河北梆子的迷恋，还有家乡人的执拗与豪迈，那种如火如荼的激烈，甚至，还有家乡曾经有过的贫穷与困窘。但是，我可爱可亲的家乡啊，你竟有了这样辉煌的今天，你也一定会拥抱无限灿烂的明天！"

"人民艺术家"王蒙，出版过 100 多部小说、撰写了 2000 万字的作品。作为中国当代著名作家、学者，著有长篇小说《青春万岁》《活动变人形》等，其作品反映了中国人民在前进道路上的坎坷历程，深受几代读者的喜爱。作品曾被翻译成多种文字在世界上广为传播。他从人民的意志出发，将个人情感汇聚到民族和历史的伟大河流中，创作了一部又一部优秀作品，深切地关注着历史的变革和社会现实，时刻惦记人民、体贴人民，为人民说话，见证并推动着中国当代文学的发展。文运同国运相牵，文脉与国脉相连。胸中有大道，笔底起风雷。王蒙从时代之变、中国之进、人民之呼中，萃取生活精华、追寻笔墨之源，紧跟时代步伐，激情充沛，始终保持着乐观向上的生活态度，始终保持着旺盛的创作活力，向着丰富多彩的社会生活迈进，成为当代文坛拥有最为丰硕成果的作家之一。2015 年 8 月，81 岁王蒙获得第 9 届茅盾文学奖；2019 年，王蒙长篇小说《青春万岁》被列入 70 年经典……王蒙，曾任中华人民共和国文化部部长，是中共十二届、十三届中央委员，第八、九、十届全国政协委员。

这十年中，2019年9月29日—10月1日，是王蒙高光的日子，"人民艺术家"站在新的起点，正昂首踏上新时代新征程。如今的王蒙，对"国庆"却是十分在意。是啊，他已和祖国一起度过七十二个"国庆"，在北京的天安门前、在新疆天山脚下的生产队里、在祖国的各地视察考察旅行途中，以至于身处异国他乡激扬文字的时刻，不管境遇如何，无限地眷恋着的"国庆"总为他灌注青春动力，从来都是一如既往。凡是"国庆"的时候，王蒙就像等待着自己的生日一样，心中洋溢着幸福和快乐，甚至更因自己作为"国庆"的见证人而充满着主人般的自豪与期许。2019年，七十周年的"国庆"，对于已步入耄耋之年的王蒙，既是平常的又非寻常的。这个"国庆"像一束灿烂的朝霞为王蒙的生命底色，为"人民艺术家"的称号镶上了金边的芳华。

10月1日，在天安门出席庆祝中华人民共和国成立70周年阅兵式。这一次是王蒙一生中过的第70个国庆佳节。这70个国庆中，王蒙曾以不同的身份——少年共产党员、机关干部、作家代表、共和国的部长等加入欢庆的人群中，而这一次他是以"人民艺术家"身份站在英雄模范、国家功勋的观礼队伍里。当天安门广场上的大型电子屏幕中出现了1949、1959、1969……2019，随着钟摆，年份数字依次显现的画面时，他感慨万端，"新中国的命运也是我的命运。新中国的成立、发展、建设是我一生的经历，也是我创作的主题。"站在天安门广场上的王蒙，思绪回到他第一次参加建国大典的时候，那时的中国真是一穷二白，有过多少奋斗拼搏，就有多少豪情激荡。从人均国内生产总值不到 120 元，到稳居世界第二大经济体；从"一辆拖拉机都不能造"，到拥有世界上最完备的工业体系；从缺衣少食到即将实现全面小康，告别千百年来的绝对贫困问题……今日之中国，巍然屹立在世界东方。一切伟大成就都是接续奋斗的结果，一切伟大事业都需要在继往开来中推进。蓝天白云下，空中方队从远方呼啸而来，振翅长空，雄鹰翱翔；眼前，铁甲雄师滚滚向前、排山倒海，受阅官兵步履铿锵、军威雄壮，游行群众群情振奋、喜悦自豪……今天的天安门广场上，巨大花篮标有"祝福祖国，1949—2019"的字样，10 万名群众、70 组彩车组成的群众游行，就像流动的史诗，勾勒出中华民族从站起来、富起来，到迈向强起来的奋进征程。当王蒙看到游行的第一篇章在情境式行进"青春万岁"中结束内心无比激动，少男少女骑着自行车穿梭而过，红色长纱巾流动成梦想之园，绘成一道年代风景，仿佛自己也融在其中了。盛世中华，国之大典，全球瞩目，喝彩不断。"气势恢宏、大度雍容，纲维有序、礼乐交融"——国庆 70 周年庆祝活动是国之大典，绽放出风雨兼程、砥砺奋进的璀璨光辉，激荡着不忘初心、团结拼搏的爱国情怀，凝聚起共建和平、奋斗追梦的磅礴力量。一系列催人振奋的庆祝活动，恰似打开一部 70 年奋进岁月凝成的华彩典籍。70 响礼炮响彻云霄，和平鸽展翅高飞，乐曲和歌声在广场回荡。王蒙又一次见证了这里成为欢歌笑语的海洋，他的脑海又一次闪现已经写在人类历史上的昨天的中国、正在亿万人民手中创造的今天的中国，他的心中更加期待着中国的明天更加美好。

王蒙依然清晰地记得等待黎明的时刻和新中国的第一个国庆。那时，他是一个生气勃勃、充满着昂扬斗志的少年共产党员。

1955 年，王蒙与他的留声机。这是王蒙与姐姐购买的旧货。那时的苏联唱片 8 角钱一张，虽然转速常有快有慢，但还是用它听到了许多苏联乐曲

1948 年 10 月 10 日，北平，什刹海边。金色的秋光里，地下党的负责人刘枫正像他名字里"枫"一样，像一团红色的光焰照亮着少年王蒙。此刻的王蒙，追求进步并作出了影响他一生的表态：坚决要做共产党员，把一生献给共产主义事业。作为

一个中学生，他庄严地声明，都已认真考虑过了。这种超然的成熟，是王蒙用青春的毅力打磨出来的，也比同龄的少年多出了几分政治素养。刘枫代表组织宣布即日起吸收他入党，候补期至年满十八岁为止。由于年代的久远，王蒙记不清那个光辉的时刻自己和秦学儒同志是不是曾面对党旗宣誓过，这个初中生或许有过些许的惶恐，但革命的圣火已经在他心头燃烧，斗争的号角响彻耳旁，他不顾一切地踏上冲锋的人生道路。从什刹海到西四北小绒线胡同的家，这是他加入中国共产党后的第一个行程，虽短但却让他回味一生，因为这条他曾无数次走过的道路上，此时此刻留下了少年共产党员一个个坚定的脚印，甚至以后的日子里他不断坚定地踏着这脚印一往无前、前仆后继。他后来回忆说，他一路上流着热泪唱着冼星海的一首歌：

　　　路是我们开哟，

　　　树是我们栽哟，

　　　摩天楼是我们亲手造起来哟，

　　　造起来哟。

　　　好汉子当大无畏，

　　　运用铁腕去创造新世界哟，

　　　创造新世界哎哟！

　　这首歌并未流行起来，王蒙的歌声是低吟着的，却是豪迈的，在内心的世界里激荡着无穷的力量。因为，那时他和他的同志们正等待着黎明的到来，还要保持斗争的策略，还要作更加艰苦的斗争。往后的岁月里，王蒙一想到那时还差些日子才能满十五岁的自己，那是一种什么力量让他如此的坚定和果敢，甚至在那么险恶的形势下决心要为党奋不顾身地工作。

1948 年底到 1949 年初，对中国来讲这是一个非常的日子：一个旧政权正在分崩离析，一股猛烈的力量正在到处摧枯拉朽，像是地壳中向上迸发的岩浆。人们在看够了荒诞之后，正在向往着明媚与自由。王蒙和所在的支部受领党交给的任务和工作：保卫北平，保卫人民的生命财产。黑暗就要过去，光明已经到来。这时的王蒙感到能够接受党的考验，就是自己最大的幸福，甚至是无比快乐的，让他们忘记了恐惧，连他的直接领导者刘枫竟能毫不隐蔽地将大量的传单带在身上，向他们布置战斗任务。不过，不明就里的王蒙还是被这个举动惊吓住了。实际是此时的党的力量已经足以强大到可以控制住局面了，正义的革命正在高歌猛进。人们都在期待那即将过去的冬天，等待着温暖的春天，以及正在萌动的新生。王蒙在自传中不无激动地说："世界已经是我们的了，中国已经是我们的了。"

那时候，值夜班的王蒙，腰配左轮手枪，感到"无限光荣，无限自信，无限骄傲"。王蒙自此也成了一名团干部，一名"领导"着一些中学的"领导干部"，有时候由于少年意气，对待革命工作甚至还演绎着青涩与幼稚，但丝毫不影响他澎湃的激情，当然这些使得他的革命履历丰富了许多，也成为构成他完整个人信史的真实素材。

革命点燃了每一个人的青春烈火，他开启了激情燃烧的岁月。这样的岁月和日子，令王蒙有着与一般人不一样的许许多多难忘的事情。开国大典的那一天，正在中央团校学习的王蒙，作为腰鼓队的一员从北京的远郊良乡来到天安门广场上，和千千万万欢庆的人潮一起，见证新中国的诞生。从黎明到深夜，年轻的王蒙不知疲倦地踩在兴奋的鼓点上，汇聚在欢腾的海洋中，八十老人谈起那段往事，依然能将鼓点节奏还原得嘎嘣脆：咚叭咚叭咚咚叭咚叭。当天下午三点整，新中国开国大典开始，毛主席向全世界庄严地宣布："中华人民共和国中央人民政府今天成立了！"早上，他从北平的良乡出发；晚上，回到目的地却是新中国新北京的良乡了，这真是沧海桑田，换了人间。

激越庄严的国歌、响彻云霄的礼炮、第一面五星红旗，盛大的分列式和奔放的游行队伍……一切都是第一次，一切都令王蒙铭刻在心。这一年，青春的王蒙刚刚学会了喝酒。似乎从那时起，国庆大典的所有记忆，让王蒙总是沉浸在一种心潮澎湃的激情中。以致后来许多时光，王蒙每每忆起那些日子，情不自禁地写道：我至今还记得人民群众是怎样热烈地欢呼"毛主席万岁",毛主席是怎样用湖南方言高呼"人民万岁"的。新中国,对于王蒙来说一切都欣欣然。一天的时光很快地过去了,可这一天在王蒙的心中却是永存的。这不仅是一种记忆,更多的则是青春般的热恋,以至于用极其阳光的底色将这种挚爱织染在自己的人生、工作和事业之中。王蒙说,49 年,"十一"前后的区别,是日子的区别。黯淡无光的、让你烦闷不已的日子,一下子被一个朝气蓬勃的、有着远大目标的并急于求成的这样一种气氛、这样一种日子所代替。那简直就是起死回生、对未来的美好生活的想法。第一印象就四个字,干劲十足。要干这个,要干那个,中国共产党是一个为人民拼死拼活的党。这在他数十年的文字表达中,我们总能触摸到这种高度的自觉,这是一个老共产党员始终如一的品格。比如,搜索其巨量的行文,王蒙总是用"毛主席"这样的尊称表达对革命领袖的崇敬和热爱,即使是人生失意时他也始终保持一个坚定的革命者的这份感情。

2021 年,中国共产党成立 100 周年,对于少共出身、有着超浓布尔什维克情结的王蒙而言,"党史"成了贯穿他全年"传道"的主题与亮点,显示出他的虔诚。这一年,他的演讲大多围绕着党史展开;他出游所到也多与党史相关,许多创作、媒体采访也都涉及党史。6 月的一天,他走进瑞金参加《首届瑞金论坛》,以"文化初心与文化使命"为题讲对党的热爱与忠诚。来到红军烈士纪念塔,向革命先烈敬献花篮。在出席文化和旅游部"光荣在党 50 年"纪念章颁发仪式上，王蒙领誓入党誓词并代表老党员发言。他还应北京国际图书节组委会邀请出席《名家大讲堂》，以"党史的文化内涵与党的文化战略"为题，给大家开了一个讲座。可谓"河山亦同庆，国有笔如椽"。王蒙对党的热爱可以用"赤诚"这个词来诠释。即使在前途未卜的最困难处境下，他都坚定地告诉他的亲人：我永远记住我说过的话，有过李大钊、方志敏、瞿秋白、恽代英、刘志丹、左权、吉鸿昌、赵一曼……这样的人物的党，有过马克思、恩格斯、倍倍尔、蔡特金、李卜克内西、台尔曼这样的国际资源的党，我就不相信这样一个党能三下五除二地变成了李莲英的党，围着老佛爷转的党！

中国共产党走过百余年的征程，王蒙在党的队列里站立了七十多年，"泰山顶上一青松"，初心不忘，信仰坚定。2021年 7 月 1 日，他以跨越世纪的风采和经历过革命、建设、改革开放以及新时代的老共产党员的姿态矗立于共和国荣誉勋章的方阵中。他不止一次来到天安门广场和登上天安门城楼了，但今天的日子不一样，是他少年时立下的壮志、宣誓加入的组织的百年华诞。那时候的王蒙还要隐蔽自己，保障党的安全、保守党的秘密、保护同志的安危，开展有效的斗争和争取解放的事业；而如今已是世界上最大的政党、领导着世界上最广大的人民、还带领着全国人民奔上了小康，将国家建成世界第二大经济体的中国共产党，每一个分子都要践行自己的诺言，都要实现全心全意为人民服务的宗旨，他对此是何等的自豪！因为自己在党七十多年，为党的事业贡献了七十多年，为人民服务了一辈子。炮声隆隆，红旗猎猎，这是党第一次在天安门广场以盛大的仪式庆祝党的生日。王蒙还清楚地记得，当年诞生28年的中国共产党，用28响礼炮为新生的中国奠基；今天，用100响礼炮昭示着新时代的中国，以更加雄伟的英姿屹立在世界的东方。检阅着百年的伟业，聆听着百年的辉煌。共青团员和少先队代表向党的百年献词，清脆的声音响起：今天，我们站在天安门广场，紧贴着祖国的心房；今天，我们歌颂着人民英雄的荣光，见证如他们所愿的梦想；今天，我们向党致以青春的礼赞，超过百年，风华正茂的中国共产党；今天，我们对党许下青春的誓言……准备着，为共产主义事业奋斗！时刻准备着！

这青春的声音回荡在天安门广场的上空，响彻于每一个人的耳际。这青春的声音让王蒙仿佛一下回到了自己少年共产党员的时代，回到了那激情燃烧的岁月。是的，百年仍是少年，耄耋依然青春。

当一个人在这个世上，行走了八十七个春夏秋冬，还有多少人能企及他所领略过的人生、道路、风光、坎坷、畅快、顺境、逆境，何况享有"人民艺术家"崇高声誉的王蒙呢？虽近米寿之年，但王蒙依然体力充沛、精神矍铄、活动繁忙、佳作连连。2021年，尽管受疫情的影响取消了一些安排，但他在接受记者采访时表示，仍然做了 15 场演讲，发表了 20 篇散文随笔，出版了 5 部著作（含 1 部小说、4 部文化类书籍），参加了至少 40 次的重要活动……毛主席说过："一万年太久，只争朝夕。"

二、不老叙事者的青春写作

白驹过隙，岁到今年，王蒙从事文学创作已经整整70年了。白日放歌须纵酒，青春做伴好还乡。2013年9月27日，为期一个月的"青春万岁——王蒙文学生涯六十年展"在中国国家博物馆开幕，引领人们一起回到王蒙的"文学故乡"。展览由文化部、中国作协和中央文史研究馆主办，国家博物馆承

2013年9月29日，"青春万岁——王蒙文学生涯六十年展"在中国国家博物馆展出

办。这是他们第一次为
一位在世的作家举办展
览，按照传统，王蒙还
有不到一个月的时间就
要过中国式的八十大寿
了，恰好也是他文学创
作六十周年的时候。所
以，这个展览既是王蒙
对自己创作的回顾，也
是王蒙向党、国家和人
民忠实地汇报并接受检
阅。中国国家博物馆
的前身可追溯至民国元
年（1912 年）成立的国
立历史博物馆筹备处；
2003 年，中国历史博

2013 年 9 月 27 日，王蒙在"青春万
岁——王蒙文学生涯六十年展"的开幕式上
讲话

物馆和中国革命博物馆合并组建成中国国家博物馆。2011 年 3
月新馆建成开放。一个作家，能在国家最高等级的博物馆举办
文学生涯展览，这对于王蒙是无上光荣，对于整个文学界也是
无上光荣。

　　展览共设五个部分：第一部分"组织部来了个年轻人"，
主要展示了王蒙早年追求进步的理想和实践，并以《青春万岁》和《组织部来了个年轻人》两部小说为例，反映其当时蜚声文坛的文学成就。第二部分"这边风景"，主要展现了王蒙新疆 16 载的丰富人生和文学创作经历。第三部分"创作是一种燃烧"，主要凸显了王蒙 1979 年回京后文学创作的"井喷"实况，及其对多种文学形式的积极探索。第四部分"大块文章"，主要呈现了王蒙担任文化部长等行政职务期间的文化建树和对古典文学、哲学等方面的研究。第五部分"接纳大千世界"，表现了作为文化使者的王蒙，在出访并撰写异域见闻、文化互译、走向媒体和讲坛等方面的主要成就。展览中既有王蒙的珍贵照片和大量著作，也有他几十年来撰写的《青春万岁》《这边风景》等文学作品的珍贵手稿，以及有关他文化思想的艺术作品等，许多地方给人妙趣横生的感受，充分展示了王蒙的文学创作历程和文学成就。这一天，高朋满座，故旧亲友济济一堂。王蒙用充满感性的致辞，让到场的每一个人都为之动容："60 年恍若一瞬，其间风风雨雨、高高兴兴，也有荒谬的、丢人的事儿"，"好在我们搞文艺的就是什么样的经验都不糟践，哪怕丢人的经历也是资源"。他还对在场的人说："现在有一部分人在抱怨、诅咒历史，认为自己被历史劫持，但我王蒙却认为自己被历史所厚爱和造就。"这是王蒙的大作家风范和独特的宽容姿态，是经历过风雨与挫折、是真猛士的家国情怀。王蒙在人生的道路上，永远是一个迅跑的运动员，他的目标就是向终点冲击，跌倒了就勇士一般地爬起，再接着向前跑，从来不纠缠、不责难道路上的坎坷、不平坦，更不会将时代的顺逆、人生的沉浮看作包袱。选择了，就不后悔；认准了，就奋不顾身。"每个人在大历史中都有自己的选择，我对自己的选择义无反顾。文学就是我的爱情，到老年了我依然有勇气选择我的爱情和伴侣"，他的话赢得一片掌声。

"即使明年将衰老，今年也还要继续写。字儿，还要继续写下去……"此情此景，让即将迈入耄耋的王蒙感动且感慨万端，也让所有的听者为之动容。冯骥才是王蒙的好友、知己，比王蒙小八岁，他们作为有着相似经历并共处那个特殊年代的作家，无论是身处"江湖"，还是居于"庙堂"，他们总是那般地惺惺相惜、互相欣赏。冯骥才说："我认识的王蒙，非常情感化，甚至是浪漫的，同时又是睿智的，理性思辨的"。"我们互为知己，相互支持。"而王蒙则亲切地呼道："大冯他是一颗爱心多种角色，他是一个'高大上'的人，也是一个'高大上'的作家。""我们是老朋友。我很多方面得到过他的支持和推动。"王蒙甚至用这样的词汇生动地诠释着两个作家间的友情，"在我们某些困难的时期，曾享受了'相濡以沫'的温暖。而在比较好的时候，我们绝对是相不忘于江湖。"这是两个用全部的生命写作的老作家间的一段文坛佳话。他们曾一起引领了一个时代的文学创作，也感染了一个时代的读者。而今天在这场"青春万岁"的约会中，作为好友的冯骥才对现场采访的记者表示，王蒙是一位社会型作家，"他用文字来思维，文字就是他深刻的语言"。王蒙不无谦逊地告诉大家："我觉得最好的东西仍然没写出来"。王蒙的确说过，写作也是劳动，劳动可以让人永远年轻，可以让人有不断的创造和发现。从1953年开始创作《青春万岁》至今，王蒙是英气勃勃的青年，浑身依然散发着青春的气息。这青春的气息，随着文学生涯六十年展，不断地播散开来，感染着人们，滋润着中国文学的园地，无疑也是中国文学园地盛开的一朵奇葩。

六十年，一个甲子。即便是指代一个人的生命轨迹，也是进入到耳顺之年了。对于一个作家来讲，六十年笔耕砚田，真是要"人生得意须尽欢，莫使金樽空对月"。历时一个月的展览，不管是同行、友人，还是一些高层领导、普通读者，人们在结合缜密而全面的展程参观着王蒙的文学历程，感受着王蒙的创作律动和他的文学情愫。展览中的每一个物件，或者是一个小小的细节，人们都仔细地留意，静静地驻足，因为人们深深爱着这位与共和国一起成长的作家，深深爱着他的作品，爱着他奉献给大家的人物、文字、语言和那些耐人寻味的故事。不管是用赞许的目光，还是用挑剔的视角，王蒙始终是无愧于时代、无愧于人民，无愧于党、无愧于国家的文坛巨匠。王蒙却深情又自谦地说，这对于一个笔耕六十载的人来说，是一种安慰和鼓励。王蒙总是这样的恬静而宽心，平淡若水。他越老越有成色，越老写得越是洒脱放飞。

王蒙这十年，出席的会议很多。如果有一天，像某种名录一样给王蒙做一个"会议录"，他参加的会有表彰会、发布会、座谈会、研讨会、讲演会，等等，那一定是一个可观的"王蒙会议录"。这一个接着一个的会，让许多上了八十岁的老人既望洋兴叹又振奋精神，因为可能你没有他名望之高、成就之巨、结交之广、学问之大而有幸去参加，但你也会被他旺盛的生命力所折服而勉励自己，扬帆再起。对王蒙来说，走进会场已经成为他的一种生活常态、工作常态、学习常态，有时候是出席站台式，而王蒙多数是要发表讲话的；有时参与研讨某一个问题、某人的一部作品，王蒙是要给予鼓励的甚至是要诲人不倦的；有时则是主旨发言或者是一个讲座、一次演讲。有些会是一个过场一个亮相，有的则是会让你终生难忘。

2014 年 10 月 15 日，这一天也是王蒙的生日。王蒙以中国作家协会名誉副主席的身份随着其他 71 位文化艺术界的新朋老友，一起落座在人民大会堂东大厅，参加党中央召开的文艺座谈会。十月的北京，到处是鲜花，到处洋溢着喜庆。任你走进一处胡同，一眼望去红红的灯笼，把整个胡同都映出个桃腮带笑、粲然生光的样儿来。十月的北京，天高云淡，金黄的银杏叶铺在林荫道上，被阳光渲染得分外耀眼。西山枫叶红遍，层林尽染。那一天，东大厅里灯火璀璨，祥和温暖；群英荟萃，少长咸集。他们是全中国文艺工作者的代表，与党和国家领导人一起共商文艺繁荣发展大计。那一天，真诚的开场白，赢得了文艺家们的热烈掌声；充分的肯定、亲切的问候、中肯的分析和热情的鼓励，让会场内的气氛，既振奋精神又深感责任重大。

这是一次让王蒙难忘的会议。从接到参会通知的那一刻起，王蒙的脑海里就浮现出 72 年前那一次延安文艺座谈会。1942 年 5 月的延安杨家岭，毛泽东亲自找延安部分作家谈话，了解情况听取意见，并邀请在延安的作家、艺术家举行座谈会。会议的作息时间、主席台上坐的是哪几位，参会人员都已模糊了，可会议集成的几万字的《在延安文艺座谈会上的讲话》，不少的内容许许多多的人都能背诵下来。王蒙自己也无数次地学习这个讲话，也自觉地把讲话作为自己创作的指针。毛主席在讲话中提出的文艺是为人民群众服务的，首先是为工农兵服务等一系列重要思想明确了党领导文艺工作的根本方向，直到今天仍旧振聋发聩，仍然具有重要的指导意义。一个少年共产党员，一个以青春的宣言立于文学事业的作家，虽然没有机会坐在杨家岭的会场亲耳聆听毛主席的讲话，但今天却是幸运地坐在了人民大会堂的会场。对于这一次座谈会，王蒙举双手赞成，更期待能润物扬帆。因为，这是在新的历史起点上党召开的一次文艺座谈会。党为什么要高度重视文艺和文艺工作？这既是历史的回响，更是时代的命题。回眸历史，从先秦时期的百家争鸣，到五四新文化运动中发端于文艺领域的革新风潮，包括文艺在内的文化发展与中华民族的发展紧密相连，革命的文艺更是直接参与到了新中国的创建，投入到了整个国家的社会主义建设，产生了灿若星辰的文艺大师，留下了浩如烟海的文艺精品，不仅为中华民族提供了丰厚滋养，而且为世界文明贡献了华彩篇章。今天，各族人民正按照党确立的奋斗目标，一步一步把中国特色社会主义事业向前推进。在此历史进程中，文艺发挥着不可替代的重要作用。文艺事业是党和人民的重要事业，文艺战线是党和人民的重要战线，庄严的人民大会堂标注下了当代中国文艺发展的新里程。一系列的部署为文艺发展大计立柱架梁，从一个人的执着，到一个群体、一个行业的发力，再到所有文艺工作者的行动，中国文艺在文艺工作座谈会讲话精神的指引下健步迈入发展新阶段。看今朝，话未来。王蒙这十年，站在新的起点，面对新的挑战，既有创作数量夯实基础，又有上乘作品质量赢得读者。他和所有的文艺家们一样胸怀家国天下，奉献了一部又一部作品，呼应人民的忧乐，当时代风气的先觉者、首倡者，从中华民族的根本上深沉地表达着对民族的热爱，彰显着信仰之美、崇高之美。王蒙始终在文学的"高原"上，攀登了一座又一座的"高峰"，正在向他心中的"珠穆朗玛峰"冲顶。

1953 年，年仅十九岁的王蒙一直处于革命胜利后的莫大兴奋中。和平的日子，人民掌握了政权，人民当家作主，那是多么美好、多么快乐、多么迷人的日子，这样的日子对于年轻的王蒙总是觉得感动、充满诗情与思想的踊跃。解放以来，新首都的建设热火朝天，让年轻的王蒙浑身有着使不完的劲。也正是在这一年，王蒙拥有了真正的爱情，还开始了真正的写作，从此他一生为此孜孜不倦。某种经验仿佛告诉人们，这似乎是一种难以言状的巧合，但是偶然中往往蕴含着必然。对于一般的人来说，是不大可能将自己的爱情和写作事业联结在一起来思考的，而王蒙在自传中写道："这一年内心的丰满洋溢，空前绝后。我想过多少次，如果有一个魔法，可以实现我的请求，我当然不会要钱，要地位，要荣誉，要任何古怪离奇；我要的只是再一次的十九岁"。

十九岁对王蒙多么重要！这是他获得真爱的开始，在初恋的滋味中他和他的恋人崔瑞芳，虽然工作在不同的岗位上，但是志趣相投。他们一起欣赏着北海的晚霞、湖面上飘荡的小船；他们品着什刹海溜冰场的红果汤，没时间留意滑冰时画出的那优雅的弧线，还有在冰场上起舞的青年以及伫立于场边缠绵爱恋着的萌动男女，可在恋爱的季节王蒙和他的芳却被多声部俄罗斯女声合唱摄去魂魄：

> 晚霞中有一个青年，
> 他目光向我一闪……
> 有谁知道他呢，
> 为什么目光一闪。

那一闪的目光，对十九岁的王蒙多么重要！这是他70年创作生涯的起点，他沐浴在胜利、浪漫、激情、友爱和阳光之中，那个阶段如同万花筒般的幻象，王蒙的生活中还出现了世界、和平、生活、幸福、岁月、日子等等这些个令他感动莫名的字眼，就像电影镜头一样组合成了一场场幸福的蒙太奇，以致他一听到柴可夫斯基的第一弦乐四重奏第二乐章《如歌的行板》，就被带入一种特殊情境中，他会泪流满面，他甚至会把自己置于静谧或黑暗当中，去领略音乐的魅力，那些流畅的旋律和洋溢的感情。这时，音乐所表现的主题已经嵌入了王蒙自己的灵魂深处，也深刻地影响到他一生的创作和他对时代、对生活、对艺术的深刻洞察力和感悟力。王蒙曾真诚地表示："贝多芬和柴可夫斯基，是我最倾心的两位大师。"因而，他的生活中不但有《如歌的行板》，也有《命运交响曲》。从那时起，王蒙始终在热情澎湃地书写时代、书写生活，他的作品始终与共和国跌宕起伏的建设、改革事业同呼吸共命运。后来王蒙回忆说，自己写作的冲动或引信来自于安东诺夫的作品，还有他无比的自信：我相信自己应该有更大的学问、更高的能力、更精彩的成果、更宏伟的成就。时任区团委副书记的王蒙甚至从日常的工作中看到了自己的另一面，打算报考大学去学建筑，以便于在建筑工地上将自己的热情和才华显露出来。旧世界被砸烂了，从旧北平到新首都新北京，哪儿哪儿都是建筑的工地，那些建设新世界的感人场面总是让所有的人澎湃着激情，工地上的先进人物和先进事迹，通过广播、报纸、电影等媒介，甚至是直接参加工地上的劳动等，每时每刻都在感动着王蒙。当然，这不过是一个青年的一厢情愿罢了。回想起来，当时可能是一种特殊情境下的冲动或被一种奋发向上的火红场景感染到了，也兴许是在苏联文学作品的影响下、感动下萌生出的顿悟。王蒙在《我的艺术清单》中对主持人朱迅说："我必须说实话，我写《青春万岁》的时候，我就没完没了地看法捷耶夫的《青年近卫军》。""他写的《青年近卫军》，把这个社会主义革命里边培养出来的年轻人的这种心理写得那么美！"不过，王蒙还是脱离不了实际创作，更离不开生活的土壤。

　　那个时代的文学，创造出来的一切美好给了当时一代人憧憬与向往。在王蒙看来，如果你从事文学并且有所作为，你就整个地沉浸在创造和灵感、神秘和想象中了，那是多么惬意的事儿呀！古往今来，只有文学是真正的永远，文学甚至比事业还要久远，比生命还要悠长，从远古到未来。从文学的典籍中，你可以触摸到伟大的历史脉络，你可以领略纵横五千年风云，古战场的壮怀激烈，田园间的衣食住行；可以和三皇五帝对话，也可以走进现实人间；那里有山水、边塞、平等、差别、爱情、唱和、咏史，那里有现实、理想、入世、出世、报国、成仙、欢乐与喜悦、愁思与悲愤……那时候，作家们普遍地在写农民、写工人、写战士。而王蒙则有着独一无二的少年革命生涯和经验，有着其他作家不曾有的对少年和青年人的精神世界的少有的敏感与向往，因此他怀着满满的记忆与信心，同时用爱与赞美的激情，就像是少年老成一般地写"从旧社会进入新社会，从少年时期进入青年时期，人以政治活动社会活动为主到开始了大规模有计划的经济建设，写从黑暗到光明，从束缚到自由，从卑微到尊严，从童真到青春，写眼睛怎样睁开，写一个偌大的世界怎样打开了门户展现在中国青年的面前，从写欢呼到行动，歌唱新中国，歌唱金色的日子，歌唱永远的万岁青春。"1953 年，王蒙以长篇小说《青春万岁》开启了自己的创作生涯，刻画了新中国新一代青年人积极乐观、热情洋溢的精神风貌。对当时的王蒙来说，构思并创作这样一部长篇小说，不是一件简单的事，不仅需要知识的储备、写作能力的提升、生活素材的积累，更需要一种说干就干的勇气。而王蒙的革命经历，正是他做出这样一个决定的原动力。他从不缺乏这种果敢与坚定：十四岁义无反顾地加入地下党，十五岁毅然决然地退学当干部，十八岁的时候追求爱情，于是，在十九岁的青春热情的激发下，拿起笔开始第一部长篇小说的创作。正因如此，他才 70 年笔耕不辍，创作出一系列无愧于时代、无愧于人民的精品佳作。改革开放初期，人们对社会生活开始了更多探索，王蒙将这种对艺术的探索、对生活的赞美、对社会的关心一起融入他的《夜的眼》《蝴蝶》《如歌的行板》等作品中。文学是时代前进的号角，王蒙敏锐地捕捉着时代的脉搏，并对历史变革和社会现实有着深切的关注。在王蒙看来，作家经常强调的人道、人性、人际，也都源自人民，得时刻惦记人民、体贴人民，为人民说话，坚定地站在人民的立场上。

继 2018 年 9 月，《活动变人形》《春之声》入选改革开放 40 年最有影响力 40 部小说之后，王蒙的《青春万岁》又于 2019 年，在共和国七十华诞前夕，入选由人民文学出版社、学习出版社联合八家出版社推出的"新中国 70 年 70 部长篇小说典藏"丛书。9 月 22 日，丛书揭幕仪式在北京图书大厦举行。这套丛书，收录了从 1949 年至 2019 年间，反映新中国各个历史阶段奋斗、建设和改革开放的全过程，描写人民生活图景、展现社会全方位变革和社会现实的 70 部原创长篇小说。这些作品，有铺陈解放战争历史画卷的《保卫延安》《林海雪原》《红岩》《创业史》等；有"文革"结束后寻找重建民族文化自信的《沉重的翅膀》《白鹿原》《平凡的世界》等；也有反映改革开放后中国社会现状、探索中国道路的《突出重围》《天竺者》等。王蒙的《青春万岁》以描绘人民群众在党的领导下建设新中国的优秀长篇小说与《山乡巨变》《三里湾》等一道入选。王蒙的《青春万岁》动笔于 1953 年，1979 年 5 月由人民文学出版社正式出版。小说以高昂的革命乐观主义精神向读者展示了 20 世纪 50 年代初期北京女七中高三女生热情洋溢的青春生活。小说采用了色调鲜明的对比衬托手法，表现了不同社会制度下人物的命运，歌颂了青春的力量。王蒙为新中国成立初期热气腾腾的中学生活留下了一份真实生动的写照。它反映了党的阳光雨露和社会主义文艺的乳汁怎样哺育了一代人的成长，在他们稚嫩的胸膛里播下了真理的种子。小说里的人物像当年生活里的中学生一样天真可爱，她们有各自独特的性情、爱好，心中燃烧着爱党、爱祖国、为社会主义事业献身的青春热情。70年过去了，王蒙的《青春万岁》刻画的一批成长于新旧交替时代的青年人特有的精神风貌：她们有理想，有热情，对生活积极乐观。小说中的人物不仅在成长的时代里，她们随着这部经典的流传依然如故地"用青春的金线"和"幸福的璎珞"编织属于她们的日子，同时愈发地有一种吸引人的内在魅力。成为新中国文学的经典。

这70部作品是我们对新中国记忆的一个特殊的部分，是最为精彩的中国故事，凝聚了丰富的中国精神。七十年来从不同的角度伴随着一代又一代中国人的精神世界的成长。

2020年1月9日，北京图书订货会依照日程的安排照常进行，现场依然如故。这也是一种有定力的表现。人民文学出版社新版《王蒙文集》在京举行首发式。可能是一种巧合，也许就是天意，倘若再过几天，那会是怎样的遥遥无期的等待呢？这可是王蒙一生的心血。《王蒙文集（新版）》收入王蒙1948年至2018年的主要作品，编成50卷（35种），包括十一部长篇小说、两部系列小说、六卷中短篇小说、三卷散文、一卷诗歌、一卷专栏文章、三卷文论和评论、五卷演讲和访谈、六卷《红楼梦》研读、七卷孔孟老庄研读、五卷自传和回忆录等。

2020 年 1 月 9 日，《王蒙文集》（新版）图书发布会在中国国际展览中心举行，会上王蒙和人民文学出版社社长潘凯雄（左）交流

五十卷，是一个卷帙浩繁的工程，是对王蒙七十多年创作成就的全面而系统的梳理，也是为当代文学史、政治史、文化思想史所做的一个鲜明的旁注。

这是中国文学出版史的一段耐人寻味的案例：1984 年天津百花文艺出版社出版 4 卷本《王蒙选集》；1993 年华艺出版社出版 10 卷本《王蒙文集》；2003 年人民文学出版社出版 23 卷本《王蒙文存》；2014 年人民文学出版社出版 45 卷本《王蒙文集》。从 20 世纪 80 年代至今，似乎每隔 9—10 年间，王蒙的创作成倍数地增长，形成不断更新的作品集出版，不但表明王蒙的创作之巨，保持着旺盛的创作能量，同时也让人们感受到他在不断开拓新的文学空间、思想空间。新版《王蒙文集》出版，可以说它是生逢其时，也可以说是幸运，但它终究要诞出人世、与人见面的。这一出版盛事，真是给予人们一种值得珍藏的记忆，增添精神的力量。这一天，罩在人们心头的新冠疫情的阴霾还没有弥散开，人们还没有感受到后来笼罩在国人心头的恐惧。所以，新书的订货会上，发布会也同样十分的热闹，来了应邀和未邀的爱王蒙、敬王蒙的友人与读者。业界的领导、同道中的翘楚，还有读着王蒙小说长大、变老的"粉丝"，都带着一份尊重、带着热忱的友情，不约而同地来到了现场。有人评论说，这是一个人的文学记忆，也是一代人的文学记忆，更是共和国的文学记忆。发布会上，85 岁的王蒙精神矍铄，不时地与现场的业内同行和读者进行亲切交流。他的交流总是那样的不疾不徐，时而智慧而机敏，时而深沉而诙谐，这种定力恰是王蒙的不寻常的经历铸就而成的，如果换作一个少经风雨的人，说不定早就是慌不择路了。他还起立鞠躬向大家致谢并向在场的朋友们介绍自己的文学来路和新近的创作情况。对于创作，他以从不停歇的干劲，不失幽默地说："在年轻的时候受过各种各样的挫折，但是后来看见比较多了，到了耄耋之年，被一个出版社的小编改成'饕餮之年'。后来我想，又耄耋又饕餮，这真是我的精神。"正说着，会场的广播响起，大喇叭里播放会务通知的声音盖住了发布会现场的声音，王蒙也不经意地加大自己的音量，此刻的王蒙兼着"宣传队"和"宣言书"的职责，他中气十足地向大家表示，继续写下去，做"创作的劳动力"。这才是王蒙式的心无旁骛。

就在这个首发式上，评论家梁鸿鹰对王蒙、对王蒙的作品，用散文诗一般的言语评价道："我觉得他是大海，是高山，是草原，是潇洒，我们在他的作品中享受的是思想的盛宴、哲学的盛宴、想象的飞扬、结构的精微、现实的伟大、历史的深邃、人性的丰富和生活的崇高，迎接灵魂的冲击和洗礼。"考察王蒙的创作，他长期以来在中国社会的风云激荡、中西文化的激烈碰撞中观察人性，令人瞩目的是王蒙作品的开创性、生长性和包容性。对王蒙的作品，梁鸿鹰从文本的视角结合其作品的名字依然用准确的修辞表达："他的文本是杂色的，是深的湖，是海的梦，是夜的眼，是变人形，是笑的风，清澈与泥泞，忧郁与欢乐，理想与现实都矛盾而和谐地存在于他的文本中。"

近年来，王蒙的新作常常会在一些有名的图书订货会上亮相。一方面是出版方的营销策略，但另一方面则是王蒙的影响力使然：个人的魅力和作品的魅力。王蒙不断地推出新文体新作品，新作品不断地有新思想新突破。2019年1月的首都图书订货会，是疫情之前中国图书交易最后一次隆重热烈、精彩纷呈的图书订货会。10日上午，《王蒙陪读〈红楼梦〉》新书发布会现场，曾有这样一幕至今让人难忘：王蒙与桂晓风的"精彩对"。

桂晓风：上个世纪和您一起有一批向文学进军的青少年集

群，现在还有几人在文坛活跃着？

和桂晓风一起掰着手指遍数国内外，王蒙感慨：人数寥寥。

当时的王蒙已年届86，小他10岁的桂晓风是原新闻出版总署副署长、中国编辑学会原会长。2023年8月的王蒙新书发布会上，桂晓风先生感叹自己"60多年读王蒙从《组织部来了个年轻人》发轫的小说集群，20多年来有幸与王蒙先生为友，我认识王蒙先生是一个怎么样的人"。

> 历史方一瞬，此生或无缘。
>
> 人生不再少，化斋情何堪？
>
> ……
>
> 焦首朝朝暮，煎心日日年。
>
> 犹有一搏志，放眼望和阗！

1963年底，29岁的王蒙远赴新疆。此前的王蒙，已经从各个方面感受到了大风大浪的逼近，那样的氛围直到如今想起来都会让人不寒而栗。王蒙后来回忆起来，周总理是苦口婆心，也是忧心忡忡，要求文艺界做好准备，要在阶级的大风大浪中接受考验。他觉得周总理在讲话中语重心长地透露出了些许的信息，王蒙也从中听出了话外之音。劫难之后的王蒙，细思那时的许多人和事，隐约地感到有过这样的征兆，但是裹挟在其中的人，是很难分辨出苗头的好坏和发展的趋势，能做什么有效的防备呢？只能是随着风浪起起伏伏，随波逐流都是谈不上，不过是沧海一鳞。经过五七、五八年之后的王蒙，已经是右派摘帽，已经体味过风浪的险恶，对过去不甚了了的东西，这时候才品出点味儿来了。

对于艰苦的边疆生活，王蒙主动接受，一去就是16年。正如他在自传里说的："我渴望遥远的边陲、相异的民族与文化，即使不写，不让写，不能写，写不出，我也要读读生活、边疆、民族，还有荒凉与奋斗同在艰难与快乐共生的大地！这是一本更伟大的书，为了读它，我甘愿付出代价。"对于去新疆，王蒙和他的爱妻一起无比地兴奋和莫名的勇气，并且在1963年12月下旬新年到来前夕，王蒙挈妇将雏，决然地带着全家离开北京，走向遥远的西部。我们顺着王蒙的回忆，除了有家庭的支持，还有领导同事间的鼓励，甚至包括王蒙自己对时事的判断，但文学的因子往往是在他作出人生抉择中起到或多或少的作用，这样的作用又往往是浪漫的和决绝的，如同化学反应中的催化剂的力量，反应起来是多么地强烈呀。这是他的一种自然养成，也可能是一个作家的特质，即便是在日常的生活中，王蒙见到一个具体的物件，就立即对应出某一文学作品中的一段记叙的文字来，例如，他在乌鲁木齐的街头看到了新疆的莫合烟，他马上就想起了特瓦尔多夫斯基的长诗《华西里·焦尔金》中一段精彩的诗句。王蒙说，即使在激情如火的新中国成立初期，他见到一幅国画，也会产生一种漫游的冲动。王蒙开始了漫长的西部生活。观冬日长安而思汉唐盛世。秦岭的嵯峨、八百里的关中平原、漫漫的河西走廊；嘉峪关、红柳河，还有大漠孤烟……每一眼都满是故事。伫立在西去列车的窗口，"一站站灯火扑来，象流萤飞走／一重重山岭闪过，似浪涛奔流……"。

一路辗转奔赴乌鲁木齐。一下火车，站里播放的各族歌曲都让王蒙如痴如醉，以及那些苏联援建的建筑。在新疆，他学会了维吾尔语，当过生产大队副大队长，与当地的百姓同吃同住同劳动。由于王蒙的"三同"是扎实而生根的，在有意和无意间他忘掉了北京，就如同今天的电脑打字一样是给予了可恢复重建的覆盖，这时的他也远离了大城市的流光溢彩。但他获得了另外的经验和人生，甚至重新定义原来有关大自然的认知。从苦难中走来，裹挟着风风雨雨，王蒙活出了另一种潇洒从容。

众人以顺境为乐，君子乐自逆境中来。王蒙将这十数年积聚的生活和包含的欢乐与伤痛，沉淀为一部70多万字的长篇小说《这边风景》。经过漫长的构思，王蒙从1974年动笔，用了大约四年的时间才完成创作。那正是"文革"的后期和尾声了，这部鸿篇巨制虽然文字上留有那个特殊年代的痕迹，但王蒙似乎也有一种经历漫长的严寒听到冰河正在崩裂的感受，所以，作为一个读者很难想象出王蒙倾注了何等的人生、心血、精力，将文思结成了笔墨。那时，王蒙在新疆伊犁巴彦岱任红旗人民公社二大队副大队长。伊犁有塞外江南的美誉，但在王蒙看来伊犁就是伊犁自身，而不是其他，是一个多民族聚集的地区。毕竟是那样的年代和处境，这部作品并没有能够及时地发表出来，而是随着时间的流逝和生活地、住所的迁徙变换，被逐渐地遗忘了。"1978 年 8 月 7 日，乃成此书的初稿。""同年，由于此稿大情节是以批判'桃园经验'与制定'二十三条'为背景的，最初以此来做'政治正确'的保证，在形势大变之后，原来的政治正确的保证反而难以保证正确，恰恰显示出了政治不正确的征兆。出版社觉得难以使用。"既然政治不正确，既然无法出版，那么，也就只能够束之高阁或等待一个相对好的时机了。也可能是生活境遇的突变，王蒙的注意力在于追赶失掉的时间和更加繁重的事业，这样一部与他 16 年新疆生活紧密相关的长篇小说，没有及时地提到日程上来，而后就销声匿迹了。从新疆回到北京，行李都可能没有完全地打开，一脚就踏进了思想解放的热潮，他将顺势而为。再说，那样一种与时间赛跑的时代气息，每一个人都抢夺失去的时间，都像正发动起来的列车，一个劲儿地朝前跑，其他的都甩在一旁。用王蒙自己的话说，叫作"此稿连同那诡异的时代，再见了，永别了，呜呼哀哉尚飨！"

人生中有很多意外。许许多多的意外，往往又编织成意外的故事成为传奇、成为佳话、成为美谈或者是可以反复咀嚼的谈资，被人们一直记忆着、传颂着，就像王蒙笔下那"幸福的璎珞"。2012年3月21日，这是王蒙的爱妻崔瑞芳去世前两日，王蒙的儿子王山和儿媳刘颐在打扫北京的旧屋时，无意中发现了这部尘封三十多年的手稿，这不仅是一个奇迹甚至于还具有了不无诡异的色彩。作为文学编辑出身的王山和夫人一起通读全稿之后，认为这书稿"仍然活着而且青春"，他们将此稿立即送给了父亲。重读旧稿，王蒙感慨万端，79岁的王蒙仿佛看到了自己39岁的样子。回头打量一番，也让他陷入了对新疆生活16年时光的思绪之中。于是，王蒙拿出19岁的劲头投入了此稿的重新校订工作之中。校订所坚持的原则是："基本维持原貌，在阶级斗争、反修斗争与崇拜个人的气氛方面，做了些简易的弱化。"不仅如此，王蒙还别出心裁地在每一章正文后面添加了所谓的"小说人语"，站在今天的角度对小说有所评述，这种把两个时代连接起来的方法，是王蒙独有的，也是王蒙捧给读者的一道"美食"。在经历了如此堪称曲折的过程之后，方才有了我们这里

《这边风景》书影

所具体谈论着的这部篇幅多达七十万字的《这边风景》。这该进入当代文坛中的一段佳话、一个有趣儿的文学掌故吧。

维族人有一句话："人生在世，除了死亡以外，其他都是塔玛霞儿（玩耍）！"王蒙说，这种人生态度，对他影响深远。小说《这边风景》讲的是1960年，新疆伊犁一个维吾尔族村庄推行"社会主义教育运动"背景下的故事，比较细腻地反映了新疆各族人民，尤其是维吾尔族农民的生活。人们在小说里还能够在一个更加特殊的视野里看到那个时期的生活，政治运动再残酷，生活仍然在继续，能够消解"左"的政治错误和"假大空"。王蒙经过再加工再创作，选择了出版和发表，就表明了艺术和文学始终在场，不可摧毁。饱满生动地展现辽阔大地上多民族共同生活的日常图景，那些和他朝夕相处的乡亲们在他的笔下成为一个个有血有肉的形象，闪烁着人性的光芒……在有效剥离了那些无论如何都不可能不存在的时代政治印痕之后，《这边风景》最根本的思想艺术价值，就是以一种深厚的写实功力相当真实地记录表现了20世纪60年代前半期新疆边地那个多民族聚居区域的总体生活样貌。

写于40年前，王蒙在80岁高龄时完成了这部长篇小说，又在40年后由花城文艺出版社出版并获得大奖的《这边风景》，浸透了王蒙多年的心血与伤痛、感动和感恩。对此，他不无感慨：好事不会觉得太晚，这是俄罗斯的谚语。更令人欣慰的是新疆，是伊犁，是各族尤其是维吾尔族人民，是他们的生动鲜活，他们的幽默智慧，他们的别有趣味，他们的艰难困苦中的光明快乐，还有他们与内地城市大异其趣的语言与文化，突破了环境与书写的局限，创造了阅读的清新与感动。我感谢书里书外的天山儿女，感谢在困难的时期得到的那么多友谊、知识和温暖。感谢情歌《黑黑的眼睛》，感谢流淌过巴彦岱的大湟渠——人民渠，感谢房东阿卜都热合满·奴尔大哥与赫里其汗·乌斯曼大姐。

王蒙在小说中所具体描写和展示着的那个时代，乃是我们国家的一个集体化农业时代。尽管说社会政治早已从实践到理念都已经否定了那个时代，但这却并不意味着不可以用文学的形式去充分表现那个时代。虽然也有不少作家创作过同类题材的小说作品，也许是并不在场或其他特殊的缘故，往往站在一种否定那个集体化时代的意识形态立场上，而且他们的艺术描写很明显是出自后来者的一种艺术想象。王蒙《这边风景》的特点不仅在于对于集体化时代持有一种肯定的意识形态立场，而且作家关于那个时代边地农村生活的艺术描写，很显然建立在曾经身为生产大队副大队长的王蒙自己一种坚实的生活经验之上。这样对生活对创作的态度，是在当代其他作家的作品中很难能具有的大历史观大时代感。连王蒙自己都说："本小说里，多有应时应景的却也是事出有因的政治宣扬与实实在在的日常生活的间作。政治的宣扬难免没有明日黄花的惋惜，生活实感则用它的活泼的生命挽救了一部尘封四十年的小说。理论、主张、条条框框是灰色的，生活之树常绿，生活万岁！"真正的文学拒绝投合，真正的文学有自己的生命力与免疫力，真正的文学不怕时间的煎熬。不要受各种风向影响，不盯着任何的成功与利好，向着生活，向着灵魂开掘，写你自己的最真最深最好，中国文学应该比现在做到的更好。在超越了所谓的"政治正确"或者"政治不正确"之后，衡量评价小说作品一个重要的标准，就是要看它在多大程度上真实再现了一个时代的总体生活样貌。

王蒙对自己的这部作品给予了中肯的评价：应该说《这边风景》是一本下了苦功夫的书，使我想起了四十多年前，处于逆境的王蒙，决心按照《在延安文艺座谈会上的讲话》精神，破釜沉舟，置之死地而后生，到边疆去，到农村去，深潜到底，再造一个更辽阔更坚实的写作人；同时仍然热爱、仍然向往、仍然自信，仍然多情多思多梦多词多文。没有许多年的农村生活，没有与各族农民的同吃同住同劳动，没有对维吾尔语的熟谙，没有对于生活对于大地、对于边疆对于日子的爱与投入，是不可能有这部作品。如果从这样一个阅读角度出发，那么，王蒙的《这边风景》自然应该得到相应的高度评价。小说的出版，也是对 20 世纪 60 年代小说写作空白的弥补。

2015 年，王蒙以《这边风景》获得了第九届茅盾文学奖，这也是王蒙第一次获茅盾文学奖。茅盾是伟大的革命文学家，也是第一任文化部长、中国作协的第一任主席、《人民文学》

2015 年 9 月 29 日，茅盾文学奖颁奖现场

《文艺报》的创办者。王蒙在自传中提到过许多老一辈对他的关爱和教导，也曾提到过自己听过茅盾的授课，至于他与茅盾的交往、交集，并没有给予过多的着墨。很多年后，王蒙也曾担任过文化部长以及中国作协的领导职务。9 月 29 日，王蒙以获奖者的身份走进位于北京亚运村的中国现代文学馆，这里他曾无数次到过，他熟悉这里的一切。旧馆建馆的时候，他是中华人民共和国文化部的部长，在开馆的典礼上他和胡乔木一起发表了讲话，那个仪式是巴金亲自主持的。按今天的流行说法，这个标配不一般，超豪华。新馆是跟随着新世纪到来而开馆迎客的，是中国第一座、也是世界上最大的文学馆。他在这里参加过别人作品研讨会，也在这里办过自己作品的发布会，

但今天不同，今天是他平生第一次获得茅盾文学奖，他既是来接受奖项、获得嘉勉，也是接受一次文学大检阅。评委会给予王蒙《这边风景》的授奖词："在王蒙与新疆之间，连接着绵长繁茂的根系。这片辽阔大地上色彩丰盛的生活，是王蒙独特的语调和态度的重要源头。《这边风景》最初完稿于近 40 年前，具有特定时代的印痕和局限，这是历史真实的年轮和节疤，但穿越岁月而依然常绿的，'是生活，是人，是爱与信任，是细节，是倾吐，是世界，是鲜活的生命'。在中国当代文学中，很少有作家如此贴心、如此满怀热情、如此饱满生动地展现多民族共同生活的图景，从正直的品格、美好的爱情、诚实的劳动，到壮丽的风景、绚烂的风俗和器物，到回响着各民族丰富表情和音调的语言，这一切是对生活和梦想的热诚礼赞，有力地表达了把中国各民族人民从根本上团结在一起的力量和信念。"王蒙对此也发表了热情洋溢的获奖感言。四年之后，王蒙在北京和媒体朋友聊到自己获奖的话题时，对很多读者感叹他"81 岁首次得奖有些晚"的感慨表示感谢，但他对此十分淡然，坦言"能获奖很好，没得奖也没什么，中国最伟大的作家、诗人、曹雪芹、屈原、李白、杜甫……他们得了什么奖呢？所以，为获奖过分操心是没有意思的"。不过他也直言："有了这些奖项，可以给文坛增加点儿热闹，能够使比较寂寞的文学活动里头也出点儿动静，鼓励大家把东西写得更好。"王蒙是一位生命力旺盛的写作巨匠，一位人生阅历丰富的长者，一位有政治智慧的学者，我走、我写，所以我青春，81 岁站在茅盾文学奖的领奖台上首获虽迟，但是成就了文坛的一段佳话。王蒙坚信：获奖好，但若作品好就更好了。

2013 年是王蒙"重要的大年"。除了《这边风景》出版外，还再版了他的第一部长篇小说《青春万岁》。《青春万岁》当然也不是第一次绽放了。王蒙说是读了爱伦堡的《谈作家的工作》入了迷之后，才起笔放歌《青春万岁》的。这部长篇小说是王蒙全部作品出版版本中最多的一部作品。以下是以人民文学出版社为基本出版单位归纳出的几个关键版本：

初刊本	1957 年 1 月—2 月《文汇报》连载部分章节
初版本	人民文学出版社 1979 年 5 月
恢复本	人民文学出版社 1998 年 6 月
文存本	人民文学出版社 2003 年 9 月《王蒙文存》第一卷
60 周年纪念本	人民文学出版社 2013 年 10 月
文集本	人民文学出版社 2014 年 1 月《王蒙文集》第一卷

此外还有：百花文艺出版社 1984 年《王蒙选集》版，华艺出版社 1993 年《王蒙文集》版，2005 年"中国文库"版，作家出版社 2009 年版、2013 年版，2013 年"60 周年纪念"版、2014 年《王蒙文集》版等。从版本的探源来看，从王蒙的全历程来看，王蒙不仅发明了"青春万岁"这个词，而且他自身的人生就是"青春万岁"一词的题解，他用他的生命诠释了"青春万岁"这四个字。

2013 年 10 月，王蒙以一种特别的方式庆祝自己的八十大寿，他将 80 年来的风风雨雨、心路历程，通过自己简约地叙述整理成一本《王蒙八十自述》并出版发行，作为献给自己也是馈赠一直热爱他的读者的礼物。2013 年第 10 期《中国作家》杂志首发王蒙长篇新作《烦闷与激情》。后更名为《闷与狂》于 2014 年 8 月，由北京联合出版公司出版发行，约 28 万字。9 月，在 80 周岁前夕，王蒙就这部长篇小说的创作和出版发行接受了澎湃新闻的独家专访。对于小说所涉猎的时代，王蒙并不在意人们从什么角度分别做出属于各自的解读，他自己则坚持认为"我们都是经历过那些事情的一代人"，写作的目的并不在于评价某个时代，而是在于抓住五个人的生命轨迹。《闷与狂》与其说是一部小说，不如说更像一部散文集。对于创作者王蒙来说，他奉献给读者的是以自己的形式回顾了一生。小说的展开，如同过往的悬疑推理，需要人们通过其中的一些线索，去慢慢寻找、拼凑出完整的故事情节。读者要从中寻找什么故事，却又难以找得到，似有若无，尽是一个个具体的细节，像记忆中的食物、声音、颜色，以及小说开篇就出现的重要意象：两只黑猫。因此，王蒙告诉大家并不要太纠结于文体，他所追求的是对生命的一种最奥妙的体验与感受。这部作品的独特性恰恰在别人的作品中极少涉及的人生的两头：一个是童年，一个是年龄大到可以讨论衰老问题的时候。这样，他的笔墨铺陈到这两头的东西上，就显得将感情表现得更加深刻。这本小说的原名是《烦闷与激情》，出版方则认为这听起来如一本哲学类书籍，建议改得更能吸引年轻人的注意力，于是最终定名为《闷与狂》。"闷"与"狂"实际上是贯穿整个生命阶段，写了生命的某种烦闷，也写了生命中烦闷能量蓄积的结果，会出现一种狂放的发泄，积蓄的能量得以释放。全书有十六个章节，部分章节曾在《花城》等文学刊物上发表过，也曾引起了读者的关注。难怪有人说，这仿佛走过他中青年时任何一部作品。王蒙是一个不断超越自己的作家，从青年时代介入革命的写作、干预生活的写作，而到这部充满哲理的小说，晚年的王蒙则更多倾注于人生及个体生命的抒写，这不仅是他写作心路历程的变化，也是他晚年创作的一抹鲜亮的颜色。

以王蒙经历的中国巨大变化，从30年代出生到如今快90年了，他总是那么真诚的揣测并端详着这一个接续着一个的伟大变迁，这些也正是这位老人家的亲历。他总是认为，世界上没有哪个国家像中国这样起起落落，比如，他出生之后三年，日本人占领了北京；八年之后，国民政府接管了北平；再过去三四年，中华人民共和国成立了，这是中国人当家做主人的变化，是翻天覆地的变化。之后的曲折起伏不光是文学作品中反映的那么多姿多彩的样子，就是落在正史中也表现和记录得翔实而丰富。王蒙也一样在自己的作品中，在自传和回忆录里，在他所有的文字间，不知多少次地讲述过、反映过、呈现过。这个阶段的王蒙还和其他老人一样，对反映过那些大时代各式各样的文艺作品，给予一个经历者客观的关注和叙述。

　　闲下来的时候，人们往往是用冥想、刷手机或观剧、追剧来打发时光。那些能对应上王蒙心中驻留的各等各色形象抑或能带来心灵颤动的电视剧，是最近十年中他在尽享天伦之乐时的另一个所爱。在一次接受记者采访时，他谈到 2014 年观赏电视剧《历史转折中的邓小平》时，甚为感慨。他说这部剧勾起了他很多熟悉的回忆，特别提到剧中演员的表演对小平同志的语气、动作、气质、形态等等模仿，达成艺术的成功，王蒙赞许这个非常好。还有像"四人帮"倒台、恢复高考、知青返城、小岗村的包产到户等细节，让人感到很亲切，就像身边的事儿一样，能从电视剧中看到中国发生的巨大变化。马克思在《关于费尔巴哈的提纲》中说："哲学家们只是用不同的方式解释世界，而问题在于改变世界。"戏剧家布莱希特对此认同并通过积极从事戏剧改革与实验，认为舞台要给观众提供有关人类社会关系的真实图景，要让他们对自身的生存状态有清晰的认识，并以此产生变更社会的动力。从艺术的审美来看，王蒙因这一缘故曾多次将自己置于其中谈起"起落"这个词。他认为，与大时代的起落比较起来，自个儿的"算是小起小落"罢了。比如，当上文化部长，后来又不干了，仅此而已。这对他的社会及写作生活都没有太大的影响，也无什么实质的变化。不过，历史的进程并不是随着人们的意愿而沿着理想化的轨迹来演进的。"文革"结束后的文学、文化热，最终是随着 80 年代的结束而告一段落。今天，看起来好像社会发展得很慢，实际上同原来相比已经发生了巨大的变化，涉及到人们的思想意识、生活态度、社会潮流等等。

追剧这样的参与式体验，对于普通人来说可能就是听一个故事或打发时光而已，并不会起到对生活的感应甚至于拿起笔来，如痴如醉地记录下来。这就是作为作家的王蒙、作为思想者的王蒙的不同，更何况他是有那样的丰富人生作为思想的动能，来激发他小说家的思维，何况他还是曾经的共和国部长。

"写起小说来，我的每一粒细胞都在跳跃，每一根神经都在抖擞。"王蒙在自述中说写小说的快乐是其他任何事情所不能代替的。八旬的王蒙依然步履轻盈，谈锋也还是那种添加着青春般睿智的幽默风趣。

如今，年近九旬的王蒙依然惦记着人民："我最大的梦想是——中国人的全面发展。在这前所未有的发展时期，中国人要有更崭新的模样和更开阔的精神境界。"从少年到耄耋，从青年作家到新中国的文化部长，从"少年的布尔什维克"到"一个清醒的、经过各种磨练的布尔什维克"，历尽千帆，王蒙对党、对国家、对人民的热情未曾消减分毫，他用手中的笔不停地书写着为人民服务的初心誓言。在王蒙的印象里，到现在中国仍然是世界上对文学投入最多、最重视最关注文学和作家的国家，充分体现文化自信。

三、依然奔跑的"80"后

八十岁后的人生，一般的人都放慢了节奏，有人干脆都不与朝夕相争了。王蒙不是这样，王蒙有着"只争朝夕"般的豪迈，从没有放下笔，没有停止写作劳动。2014年，接受《海南日报》记者采访时，王蒙透露了他每天的写作作息时间表：6：30起床写到8：00；早餐后写到11：30；午餐；午休；14：00开始写到晚餐前。有时候，兴致来了，晚上还要敲上一两小时的字。由此可见，王蒙是勤奋的，并且有着极强的自制力。比如说他天天坚持的走路，桂晓风先生曾在一个场合向人介绍，王蒙每天都给他发图片，一天至少走7000步，平均8000步，有时达到16000步，寒暑不移，风雨无阻，即便春节，照走不误。这种情况对于今天的多数年轻人都是感到无语的控制力，因为没有哪个年轻人今天会这样长年累月地安排自己的一天，而王蒙可以。他还把自己称作属于全天候抗干扰的"写作工人"。即便他置身于政治与文学的交集之中，也一直笔耕不辍。王蒙甚至对桂晓风说，有人劝我不要每天走那么多的路，也有人劝我不要每天写那么多的东西。但他们不知道如果我不走不写，说不定我很快就既不能走也不能写了。我走我写，所以我青春。

2008 年，王蒙曾用"自传三部曲"的方式将自己的过往进行全面的梳理与总结，似乎将进入颐养天年的状态了，常态的推理与认知下，王蒙应该像一部老爷车，行驶在路上是为了压压马路、是为了游览风景，而不是为了赛跑和赶路。但八十岁的王蒙又开始新的文学创作井喷，除了长篇小说外，中短篇小说迭出新作，描画出了一幅幅让人又惊又喜的文学风景画。

2014 年 1 月，花城出版社出版了王蒙的长篇小说《猴儿与少年》。在这部作品中，王蒙讲述了一位年过九十的外国文学专家施炳炎老人的人生往事。1958 年，青年施炳炎来到了北青山区镇罗营乡大核桃树峪村，开启了另一种生活。几十年过去，他遇到的少年侯长友，以及那个聪敏与不幸的小猴儿"三少爷"依旧盘桓于记忆当中。这部作品在对岁月的回溯中，把大时代与人的命运变迁带到今天的读者面前。有意思的是，王蒙把自己写进了小说。在小说家王蒙和老专家施炳炎的对谈中，奏响了"青春万岁"的回声。"能够回忆成小说的人，也用小说来期待与追远，你不羡慕小说人的福气吗？"王蒙为小说写了一个特别的"创作后记"：

敲键轻轻心绪来，初时初恋好花开，如川逝浪波犹碧，似梦含羞情未衰。万岁青春歌不老，百年鲐背忆开怀。扬眉吟罢新书就，更有猴儿君与嗨。

一个少年，听到一个妇人回忆三十年前的全然不懂的往事，我大吃一惊，我心头沉重，我为一个曾经在"还没有洋火"年代生活过的古人乃至猿人心跳加速，我哭了。

一九五八年，在我二十四岁时，读到毛主席《七律·到韶山》句："别梦依稀咒逝川，故园三十二年前。"我肃然起敬，我想的是人生的伟大，时间的无情，事业的艰巨和年代的久远。我恭敬而且惭愧，自卑而且伤感，反省而且沉重。

那个时候我不可能想象：一个即将满八十七岁的写作人，从六十三年前的回忆落笔，这时他应该出现些什么状态？什么样的血压、血糖、心率、荷尔蒙、泪腺、心电与脑电图？这是不是有点晕，晕，晕……

还有六十三年前回忆中的回首往事，当然是比六十三年前更前更古远的年代的回忆。

回忆中与泪水一起的，是更多更深的爱恋与亲近，幸福与感谢，幽默与笑容，还或许有飞翔的翅膀的扇动呢。

与遥远与模糊一起的是格外的清晰、凸现、立体、分明，浮雕感与热气腾腾。

与渐行渐远在一起的是益发珍惜，是陈年茅台的芳香，是文物高龄的稀罕，是给小孩儿们讲古的自恋情调儿。

与天真和一些失误在一起的是活蹦乱跳，是趣味盎然，是青春火星四溅，是酒与荒唐的臭鸡蛋，更是一只欢实一百一的猕猴儿，回忆创造喜悦和忧伤，以及猴儿。

三十年前的《狂欢的季节》里我呕心沥血地写过1+1只猫。在三十年后的《猴儿与少年》里，我刻骨铭心地写了1+N只猴子。此1只猴子名叫"三少爷"与"大学士"。它们是我小说作品中的最爱。

一路走来，不仅仅走了六十三年与六十八年（我的艺龄），从前天昨天走到今天，还走到了明天、明年、后年，至少走到了二〇二三年。能够回忆成小说的人，也用小说来期待与追远，你不羡慕小说人的福气吗？

当读者看到这小小的文字的时候，三少爷、少年、写作谈，后记，也都变成回忆了。

然后鼓捣着新的小说写作。

王蒙让人惊讶，他仿佛驾驶一辆跑车上了F1赛车道一样，80岁后再一次冲上文学创作的新路程。一个春天，王蒙在京、沪两地的三个文学刊物上发表两个短篇、一个中篇，连同2014年的一个短篇，由四川文艺出版社以《奇葩奇葩处处哀》为名在2015年7月结集出版了小说集。这部中短篇小说集，收集了《奇葩奇葩处处哀》《仉仉》《我愿意乘风登上蓝色的月亮》《杏语》等4篇作品。连王蒙自己也感慨万端又似少年般调皮："俺年富力强时也没有这样的纪录唷！能不于心戚戚？于意洋洋？于文哒哒？于思邈邈？"落于笔端的文字，是对生活的沉思与反省。王蒙很让人揣摩不透，这样的一把年岁，依然还是诙谐的风格和态度，所以作品呈现的还是如从前一样，让人读起来在轻松的阅读状态中得到收益。收入集子的作品聚焦的是"当代社会的土洋男女、城乡老少、高低贵贱的林林总总"，"表面上是家长里短、鸡毛蒜皮、洋相丑态，但背后勾画出飞速变化的世间百态，折射了命运的高高低低、坑坑洼洼、苦苦甜甜"。其中的中篇小说《奇葩奇葩处处哀》，小说叙述的是当代中国老年人婚恋故事：老年丧偶的沈卓然是一位文化名人、司局级干部，拥有宽敞的住房和专用车库。和他保持黄昏恋的四位中老年女性也各有不同的行事风格且特立独行，她们与沈的爱恋不仅显得"奇葩"，而且均以失败告终。小说还涉及他少年时代暗恋的女老师那蔚圊和亡妻淑珍的故事。相对于"奇葩"，沈卓然恋爱失败后的"哀"，深沉感人，识破天机般地充满了大觉悟与大悲悯。王蒙在这篇小说里通过时间、空间和性别这三

《奇葩奇葩处处哀》书影

个元素间的纠结激荡，将个人、命运以及历史的万花筒给旋转开来，从而避免了那种平面的甚至是肥皂剧式的叙述。王蒙以老辣的笔触、行云流水的故事、纵横交错的结构，向广大读者展示了具有觉悟悲悯情愫的奇葩之哀。王蒙说："为奇葩立传，为男女尤其是女一恸。"这可能也是这篇小说的境界。

"奇葩"一词的释义：珍奇的花；比喻出众的作品；很美丽的地方和网络用词。《上海文学》杂志社社长赵丽宏这样评价，"《奇葩奇葩处处哀》是王蒙的最新力作，也是中国当代中篇小说创作的重要收获。这部小说让人拍案称绝，也让人掩卷沉思"。掩卷后沉思的可能是少数，更多的读者是点赞转发后沉思的。《奇葩奇葩处处哀》是首发于《上海文学》的，但是很快就用微信连载的方式在移动互联网上传播开来，它的"潮点"却在新媒体上燃爆了，这是王蒙为当代文学增添的新意。新时代的王蒙，过的并非旧的生活与生存方式，而是像孙子辈或重孙辈的人一样，在网上徘徊与徜徉。真是活得越长，见识越多。近年来，王蒙不仅在线下"大秀肌肉"，还努力融入互联网，他越来越禁不住地在文章中夹杂一些与网络有关的话题，比如他近些年来创作的新作中，就多处写到与网络的亲密接触。王蒙爱网，爱一切新鲜的事物。但王蒙面对网，有时候也不免感到很无奈。

一个人年轻时许下的诺言，会让他用一辈子的时间和力气来践行。王蒙就是这样的人。如果说当年的《青春万岁》是他的文学生涯的起点，那这个起点可能具有诺言的价值。"人民艺术家"王蒙，拥有不老的青春，他的心中始终扬起青春的风帆，他的笔下也总是跃动着青春的韵律。2019 年，王蒙耄耋之年已经过半，他 86 岁了。这一年的《人民文学》则用一种特殊的方式，向王蒙的"青春"致敬！王蒙的中篇新作《生死恋》刊发于《人民文学》2019 年第 1 期，而另一篇同样将爱情故事写得酣畅淋漓的中篇《笑的风》则发表在这一年《人民文学》第 12 期上。王蒙带着青年人的饱满情绪和旺盛的创作激情，这一路上，不断地持续发力。贺绍俊说"我尊敬王蒙，我叹服他是不老的王蒙，但我很快就修正了我的想法，我不能将'不老'这样的词汇用在王蒙身上，因为他的每一粒细胞和每一根神经都洋溢着青春，他是青春的王蒙！"从 1953 年写《青春万岁》算起，他的文学写作已经过去 65 年了。王蒙在《已经写了六十五年》一文中说，2019 年 1 月，他以《生死恋》与短篇小说《地中海幻想曲（两则）》开启了第 66 个写作之年。文学于他的意义非同一般："文学使一切都不会糟践：爱情是美丽的，失恋也可能更动人；一帆风顺是令人羡慕的好运，饱经坎坷的话，则意味着更多更深的内心悸动；获得是舒适的，而失落的话是更好的故事胚芽。甚至穷极无聊的最最乏味的煎熬经验也能成为非同寻常的题材，如果你是真正的文学人。……我已经满八十四岁了，中国的说法是青春作赋，皓首穷经。我近年也写过不少谈'孔孟老庄'经典的书，同时我一直兴高采烈地写着新的小说。只有在写小说的时候，我的每一粒细胞，都在跳跃，我的每一根神经，都在抖擞。文学是我给生活留下的情书。文学是我给朋友留下的遗言。文学是人生的趣味和作料，辣与咸，酸与甜，稀与稠，鲜活与陈酿。文学，是比我的生命更长久的存在。"

小说一经发表后，文本的阅读让人感到这是一部显然"具有长篇容量的中篇小说。"王蒙对此进行升级改造，在原来的基础上增加了五万余字。这在他个人的写作史上是一个前所未有的现象，"发表与选载后的小说，把我自己迷上了，抓住了。""发现了那么多蕴藏和潜质，那么多生长点和元素，那么多期待和可能，也还有一些可以更严密更强化更充实丰富的情节链条因果、岁月沿革节点与可调整的焦距与扫描。"他在转过年的两个月时间里，用超乎头一年夏季原创文本的力气，在不断地延伸、发挥、调节、砥砺、打磨中，"制造"出一部新长篇，干起这个活，他太像工厂机修车间的一名八级技工，精打细算，精益求精。他说他曾想将小说定名为《假如生活欺骗了你》，这动议显然来自于俄国诗人普希金创作于 1825 年流放后在哈伊洛夫斯科耶村幽禁期间的一首诗歌。这首诗歌后来成为人们激励自己勇往直前、永不放弃的座右铭。普希金曾受到过很多中国年轻人的喜欢，王蒙也不例外，这是无可非议的。但是，王蒙还是放弃了这个想法，他没有这样进行改造，依然是沿着自己的创作思路和生活经历，这是王蒙自己独有的，而不是拿来的；是具有王蒙风格的，而不是轨迹的飘移。2020 年4 月，作家出版社推出王蒙的长篇力作《笑的风》。

《笑的风》，内涵丰富，视角多变。小说在时间和空间上的选择是王蒙精心布局的：时间轴上，王蒙选了从 20 世纪 50 年代到 2019 年这样的大跨度；而空间上，则愈加地纵横捭阖，从中国北方的乡村到省城到上海北京这般的大城市，从海外的德国西柏林到希腊匈牙利爱尔兰等，这样的大视野。主人公傅大成上高中时因一首诗《笑的风》，走上文学创作之路，之后经历了包办婚姻、婚外恋、离婚、再婚与离婚，从青涩少年的春情萌动到耄耋之年的自我拷问，作者从人性的高度写得波澜壮阔，活现了中国这六七十年间社会生活的发展变迁，写出了中国人在社会风尚飞速变化中的酸甜苦辣、悲欢离合，也生动展现了一代知识分子的婚姻与爱情。王蒙总是激情在怀，这些年他依旧是一部接着一部推出他的作品，是一位真正的文学跑道上的"马拉松选手"。2020 年 6 月，他和他的夫人单三娅就长篇小说《笑的风》的创作缘起、酝酿过程、创作理念、风格特点、语言追求等话题，进行了深入的对话。《光明日报》6月 10 日用一个整版的篇幅全文刊载了这篇精彩的对话，从六个方面为人们欣赏阅读这部长篇小说提供了有益的解读路径和方法。

单三娅：改革开放是中国的一个非常特殊的历史时期，十年动乱结束之后，赶超世界。正如你所说，"这是一个突然明白了那么多，又增加了那么多新的困惑与苦恼的时代"。现在看来，这几十年的机会我们抓住了，中国到达了一个新的高度，中国人的眼界视野角度都不是几十年前了，中国人的自省性、自律性、自愈性、自信心都比过去高了。你也暗示，后面一代代的中国人将生活得更加清醒而且自如。这让人想到，一个古老宏大的民族，经过改革开放以后这四十余年的发展，更加成长了成熟了。这么一分析，小小长篇小说《笑的风》，它的含意还有点挖掘头儿呢。

王蒙：《青春万岁》那段历史，是我放不下的，改革开放这段历史，更是挥之不去的。它的浓缩，它的醇厚，它的深刻，举世震惊，改变了中国和世界。"傅大成"们从弯路和挫折中学习了、明白了许多，我们的人民淡定了、沉稳了许多。不是吗？形势的发展教育了我们，我们也教育了自己。热泪、怜惜、对错，历史、生活、时代，为我们提供了多少文学艺术作品的契机，正是从这个意义上，曹丕说："盖文章，经国之大业，不朽之盛事。"

2019 年，对于王蒙的文学创作来讲，是有意义的。有人说，王蒙用《生死恋》发出了王蒙的爱情之问。这篇小说，在当年 12 月举办的第十届"茅台杯"《小说选刊》年度大奖评选中获中篇小说奖。古往今来的爱情，就像莎士比亚说的"一千个人眼里有一千个哈姆雷特"。人类的爱情，就如同一个巨大无比的磁场，生生不息地凝结成磁石般的爱情故事，成为文学创作取之不尽用之不竭的富矿。6月，广西师范大学出版社出版了王蒙小说集《生死恋》。这本集子还辑录了《地中海幻想曲》《帽子》《邮事》等四篇作品，其中《邮事》却写得另类，并不以爱情为主线，但写到作者因营业员功霞的甜美形象，"去亚运村邮局办事，愈加令我快乐温暖，比温馨又升高8摄氏度，譬如温馨时是17度，温暖时是25度"。这本集子的重头，当然是《生死恋》，因为这篇小说折射出王蒙对爱情的新思考。另外两篇也将爱情写得充满着诗意的朦胧，主人公的爱情命运也令人印象深刻。王蒙在小说中并没有任何的煽情，而是习惯透过历史和生活的厚重底蕴，让作品的故事更有人间烟火的质朴与生活气息。王蒙一直是扛着这杆旗的，把大道理总能讲得如此透彻、通俗、亲切，总能直击人心。何况爱情的故事，不适合于大道理。

一个叫蔡霞的知识女性，从青年、中年到老年时期，接二连三遭遇家庭和婚姻的不幸，但她都能重拾行装、毅然前行，而且她在人们难以想象的日子中活得十分幸福，幸福得让你不能不佩服她，甚至你感觉到她就是一个英雄。不知从何时起，这个充满励志的人物以及故事悄悄地走进了王蒙的思绪中。王蒙有时候就如同一部搜索引擎，以他的人生积累完全可以建立起他自己小说创作的"数据库"来，他记忆里的故事数不胜数，有时候脱口而出。有一次，在江苏泰州的维景国际大酒店宴席上，他与坐在一旁的波兰姑娘法捷耶娃，相谈甚欢。谈论波兰文化、波兰风情，甚至许多历史的掌故如数家珍，甚至告诉这位波兰姑娘，他 20 世纪 80 年代某一年出访俄罗斯，见到过伊尔库茨克唯一的天主教堂里的波兰大教堂，谈及那架由德国人提供的、在西伯利亚地区富有特色的管风琴及其象征意义；他告诉法捷耶娃，这座教堂的建筑风格是晚期哥特式。王蒙这种跨时空、跨文化的大开大合式的交谈，让年轻人的思维像陀螺一样要不停地旋转着，但是，听他的谈话给人联想、给人享受的乐趣、给人增长知识的满足。人们依然是乐此不疲地愿意听他的讲述，从他的故事中获得教益和快乐。

　　王蒙将蔡霞的故事结构成一部小说，并赋予其诗意的书名《霞满天》，由花城出版社于 2023 年 3 月出版。蔡霞在最年轻、最美好的时代，刚刚有机会和丈夫团聚时，丈夫却因飞机失事离开了人间。这是小说中的情节。王蒙的记忆里，飞机失事在当年是不时会发生的一件事，20 世纪 50 年代，当时中国一个庞大的演出团体，首次到拉丁美洲演出，一演就演了两个多月，回国的时候有一架飞机失事了，这都是有事实依据的。这是王蒙的创作态

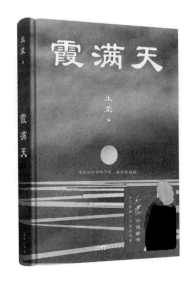

《霞满天》书影

度。小说中的蔡霞让人看到她不是那种怨天尤人的人，而是积极地为自己创造幸福的人，这是令王蒙感动的东西，所以，他萌发了写出蔡霞这样的女性的念头。《霞满天》构造了一个极富生命力和潜力的精神系统，其最终关注人的生命，但这种关注不是简单的生灵嗟叹，而是深入到生命的深层。小说中的76岁教授蔡霞说："我明白了人生的某些好与坏，生与死，成与败……一旦发生，就是绝对，就是必然，就是宿命，就是无暇张嘴咀嚼无暇思考拿主意……生活呀，你敢荒唐，我就敢坚决，你能狠毒，我就能消化排泄。"奋斗让每个生命看到了人类有限生命的挑战。难怪有人撰文评论道：《霞满天》已不再苛求人的生存环境，转而关注生命本身，活着就有爱，活着就有情，活着就有戏，活着就有天空和太阳……这是最大限度地走进生活，感受生命的丰富，燃烧生命的激情，获得生命的荣耀。评论家王干说："《霞满天》实际上是超时空的写作，是接近永恒的写作，他表面上是写作女性，实际上写的是全人类，对'女神'的礼赞已经具有了超越性别的力量，是人之歌。"这十年来，王蒙在小说的创作方面，对叙事策略进行不断的探索，以叙述的狂欢回归生命的本质，通过闪光的理性和乐观温暖的叙述，实现人物与作者间的同频共振。在《霞满天》中，王蒙采用交流回忆的方式进行叙述，匀称的节奏中有明显的长短急徐，狂欢的快感复活了人物及其内在的生命力，命运的跌宕结合现实经验和历史记忆，他用文学语言、哲学语言引导读者，或以和风细雨平等协商的口气，大胆道出叙述的意图和叙述方法。

这不禁让人想起生于 1927 年 3 月的德国作家马丁·瓦尔泽，在他 81 岁时用真人真事写就的小说《恋爱中的男人》。用小说的文体来写歌德在 74 岁时的恋爱故事，在疗养胜地马林巴德，歌德爱上了一个 19 岁的少女。可以预见的是，这将是一场无果的热恋而已。而歌德却在这场哀怀中收获了一部长诗：《马林巴德哀歌》，这也是他自己晚年的代表作。真是应验了中国的一句古话：祸福相依。81 岁的老人写一场 74 岁的爱情，对于瓦尔泽来说，这还不算完，马丁·瓦尔泽并没有被渐渐老去的年龄羁绊住爱的思绪，他 89 岁的时候又出了一本比写歌德还要好的《寻找死亡的男人》。读起来，表面是写找死，其实核心表达的还是恋爱。王蒙就这样，人生八十，依然在高龄的状态下写爱情、写荷尔蒙、写晚暮之恋。王蒙曾说过：我 70 年前写《青春万岁》的时候是少年写少年，青年写青年的这样的状态，我不是 48 岁在写 19 岁，我是 19 岁写 19 岁，我也愿意再创造 99 岁写 99 岁。

王蒙以《组织部来了个年轻人》登上文坛，之后一直笔耕不辍，多以小说而有名。不过，今天那些对《青春万岁》耳熟能详的人们，记忆深处能直接表达出来的莫过于小说的"序诗"。这首诗的意象构成了一幅幅动人的场景，构成了欢乐、热烈、青春的鲜明场景；特别是全诗明快的节奏，简短的诗句，在激昂的思想情感上让人读起来产生了与诗歌本体共鸣般的一致。王蒙在新诗创作上的成就，与纯粹的诗人不同，"如果说有那么一些最最揪心的经验你觉得难以倾吐又必须写下，你只能写诗，而且是新诗"。王蒙的诗具有较强的思辨和抒情性质，对读者深入了解王蒙的文学格局和面貌具有重要意义。2017年10月，四川文艺出版社出版了《王蒙的诗》，这是一本王蒙著的诗歌创作合集，除了较少的几首完成于上世纪五六十年代外，绝大部分的诗歌集中创作于八九十年代。王蒙在这个诗集的"自序"中写道："读写新诗的时候，你融化在你正在得到的或许是独特的感动里。""感动是人生的最大最强的意义和归结。"王蒙一生在创作小说的同时，也创作了大量的诗歌，用王蒙自己的话说"我总算写了诗，享受过人生的这一峰峦"。此前王蒙还在四川文艺出版社出版过诗歌集《旋转的秋千》。与此同时，王蒙还在古体诗词的读写上下功夫，"试图在中华文化参天大树上绿开一片小小的树叶"。王蒙的诗歌与时代互动，有着积极的文学价值和史料意义。

除此以外，王蒙在诗歌方面的旨趣，不光是纯粹的严肃与格式，他还结合时势和世情的不同，用一些更为灵活的体例与人分享唱和，如打油诗："有酒方能意识流，人间天上任遨游。杏花竹叶情如梦，大块文章乐未休。"既通俗易懂又趣味无穷。晚年的王蒙，喜欢写点打油诗，但是不乏诗情画意和人生哲理，折射出王蒙的虚静与自适，当比唐代诗人白居易，俱与庄子相系，读来颇有意味。杂交水稻之父袁隆平逝世后，王蒙感悟颇深，写了《慢生活》：

> 上班工作几十年，
> 老驴卸磨摘捂眼，
> 化作夕阳光华少，
> 步入退休生命圈，
> 从此拥抱慢生活，
> 幽幽静静每一天。
>
> 过去起床六点半，
> 现在八点才睁眼，
> 过去中午眯片刻，
> 现在昏睡两钟点，
> 过去晚上早上床，
> 现在午夜还看片。
>
> 一直坚信，
> 这是最美慢生活，
> 袁公去世，
> 方知标准尚有偏，
> 必须调整，

硬性规范，
生活节奏，
稳中求慢。

年龄增长了，
不要误判自己是青年，
天下大事不管就别管，
岗位拜拜了，
不要操心单位怎么办，
社会活动能减必须减，
官职没有了，
不要怀疑继任是笨蛋，
没有自己地球照样转。

上楼梯，
不可五步并成两步半，
下楼梯，
不可慌里慌张抢时间，
赶公交，
不可狂奔忘了避风险，
乘公交，
不可频频换座乱动弹。

出门走道时，

时刻牢记走稳点，

防止摔倒重于天，

在家爬高时，

不得逞能单独干，

老伴相扶谋安全，

对待旅游，

量力而行别走远。

对待聚会，

年龄太大别添乱，

对待热闹，

与咱无关别上前，

对待养生，

提高警惕别受骗。

吃饭要注意，

细嚼慢咽不闲谈，

入厕要注意，

缓缓起身不猛窜。

起床要注意，

静坐一会再试站，

洗澡要注意，
防滑拖鞋别忘穿。

有病了，慢慢看，
不要大呼小叫惹人烦，
孤独了，静静思，
不要愁眉苦脸声声叹。

生命有规律，
不可逆向转，
该认怂时就认怂，
能慢则慢不嫌慢，
该享福时就享福，
有福不享是傻蛋，
慢慢行，
慢慢走，
阎王不招我，
就活一百年。

　　这十年中，王蒙除了获得茅盾文学奖外，先后于 2013 年
9 月，获第六届《中国作家》"鄂尔多斯文学奖"。2014 年 1 月
在北京获得"《当代》荣誉作家"称号；同年 11 月，在浙江温

州出席第二届"林斤澜短篇小说奖"颁奖典礼，获"杰出短篇小说作家奖"。2017年8月，在广州举办的第六届花城文学奖颁奖仪式上，王蒙以《这边风景》荣获特殊贡献奖；同年12月，在天津第十七届百花文学奖中，《奇葩奇葩处处哀》获得中篇小说奖。2018年12月12日，被人民文学杂志社授予"改革开放四十周年特别贡献奖"；2021年11月，花地文学榜在深圳揭晓，王蒙凭《笑的风》获得2021年度致敬作家。这份荣誉榜单仍在延续王蒙的辉煌，还将随着时间的推移，越排越长，越来越多。

下一个十年，王蒙将演绎更多的精彩。

四、坚定的文化自信者

让文化回到生活。

这十年中，王蒙凝聚数十年读书心得与人生经验，写出了一本又一本给年轻人的中国智慧读本。

新世纪以来，王蒙的小说创作进入一个新的"青春期"，但他似乎并不在乎自己的年龄，相反一是保持高质量的创作态势，二是不断进行创新探索。他的作品在质和量的辩证统一上，是当代中国作家阵列中无人能及的。在王蒙的自传第一部《半生多事》中，我们看到多个章节的叙述都涉及苏联文学对他的影响，小说、诗歌、电影、戏剧，等等。那个时代，岂止王蒙一个人，是一代人在苏联文学的影响和陪伴下欢愉地迎接自己的青春、挥洒自己的青春、度过自己的青春，以至于根植于自己的人生道路上。他人生的标杆中，有卓娅和舒拉、青年近卫军等，有那时流行于市面上的数得着的苏联作家、诗人、戏剧家等，还有不能不提到的"中国的保尔·柯察金"吴运铎，王蒙说他身上体现出的"革命者的精神韧力，发人深省，可歌可泣"。王蒙在这部自传中，讲述自己的成长经历，当然不仅仅是某个单纯的因素，还有方方面面的影响。王蒙是立体的，王蒙的文学创作和文化领悟也是立体和全面的。有人从他 2022 年的一本新著《天地人生：中华传统文化十章》中，对王蒙如此旺盛、持久、深邃的创作面貌进行了解码："他这一路，得益于中华古典文化精髓的启发、滋养、支撑；先人的智慧打通了他的经脉，塑造了他的骨骼。"王蒙从新世纪的曙光中，吸收到了新能量，他在文学创作的同时，穿插着开始对中国传统文化的研究与解读。这十年，成果蔚为壮观，江苏人民出版社将王蒙的《老子的帮助》《庄子的快活》《庄子的享受》《治国平天下》《与庄共舞：人生的自救之道》《天下归仁》《得民心　得天下：〈孟子〉解读》《中华玄机》《红楼启示录》《御风而行》等著作编纂成《王蒙解读传统文化经典系列》。正如王蒙自己所言："我尽量把谈中华传统不变成谈古代的事，谈遥远的事，而是好像我们谈家常一样，好像我们一块交流生活的经验一样。""意在以文化谈人生、帮助人生、丰富人生、圆满人生。"王蒙就是这样，他要"让文化回到生活"。于是，他将哲学通言、圣人睿言、经典格言，与自己此生的体验、经验和实验贯通起来，通过融合、发酵、生成，从而凝结成可亲可感的人生智慧，这种可触摸的人生智慧，具有启迪作用、导向作用、标杆作用，探寻中华根脉，赋能当代生活。

王蒙是以一种大境界来关注中华传统文化的，他坚忍心性，超凡脱俗，他激荡的思路和瑰丽的想象，不能不说八九十的王蒙让人瞩目，他总还是过去那样的气势飞扬、睥睨一切。从王蒙宏大的体系中，我们撷取几则谈论并从中感悟王蒙这位"人民艺术家"的圆融与澄明。

论文化与人生的关系：文化使人生的诸种悖谬、死结、愤懑、怨怼，变得平顺条理有情有理与颇堪安慰了一些。而得不到文化的熏陶与释解引领，得不到精神的温暖与解脱，得不到文化的安抚与激励的人会受尽愚昧与野蛮、虚无与破灭的痛苦。

谈古人眼中的"勇敢"：孟子贬低匹夫之勇、血气之勇、一夫之勇；认为那是廉价的也是解决不了什么问题的。苏轼在《留侯论》中，更明确提出"人情有所不能忍者。匹夫见辱，拔剑而起，挺身而斗，此不足为勇也。天下有大勇者，卒然临之而不惊，无故加之而不怒。此其所挟持者甚大，而其志甚远也"。他认为仅仅表现为易怒，拔剑而起，敢于拼命，并不是真正的勇敢，而不惊不怒，深谋远虑，服从大局，务求必胜，这才是格局甚大的真正勇敢。中国古代圣哲提倡的是清醒的勇敢、慎重的勇敢、有影响力与组织力的勇敢、理智的勇敢与战略的勇敢，而不是一时的莽撞与冒险。

谈《道德经》与老子：《道德经》包含了老子许多逆向思维的奇葩，老子是不怕做惊人之论的：诸如知美斯恶、知善不善、天地不仁、圣人不仁、失道而仁、圣人不死、大盗不止等等，高大而又诡谲，玄妙而又创意的惊世骇俗的说法，令人拍案称奇称快。而像以正治国这样正确稳重的提法，在老子言论中应属罕见。

老子说："天之道，其犹张弓欤？高者抑之，下者举之；有馀者损之，不足者补之。天之道，损有馀而补不足。人之道，则不然，损不足以奉有馀。"……老子的这个判断相当激烈，相近于十九二十世纪的欧洲社会革命党人言论。

论人生：你生下来，活下来，是为了胜利、为了贡献、为了成长和成就；不是为了内卷、躺平、失败和一败涂地。所有的失败应该通向改进与成功，即使此生的成长成就有限，也可以甘为人梯，把接力棒传下去。生命是温暖的，是活跃的，是有着一个又一个前景的，是值得我们去奋斗、去争取、去努力的。

王蒙就是这样的练达。他还把博古达今、纵贯中西的功夫凝练成一部又一部的著作：《王蒙执论》《文化掂量：王蒙最新演讲录》《游刃有余——王蒙谈老庄》《王蒙谈文化自信》《赠给未来的人生哲学——王蒙池田大作对谈》《争鸣传统——王蒙赵士林对谈录》《王蒙妙语录》等，以从更大的基本面上将人世间的大道理小道理，通过他的笔端都交汇成了一个个活道理。王蒙对他感兴趣和熟悉的中华文化的研究，是系统的，是饱含深情的，是把自己结合进去又得以升华的，是与时俱进的。我们通过书中的文字，可以感受到王蒙所写所述的这些文化要义，都曾在他所经历的人生岁月中发挥过重要作用，都经过了时间的考验和人生的检验，融入时代的处世哲学与独特智慧。

"老骥伏枥，志在千里；烈士暮年，壮心不已。"王蒙这十年来，走进了经典所创造的那个世界里。王蒙认为，经典的价值在于它创造了一个世界而不在于它去解释这个世界，他沿着自己想定的方向越走越宽阔。在中华传统文化的研究与阐释方面，他的着力点不仅仅是在著书立说上，其实他在这十年中下基层、到部队、进机关、入高校；到西部边陲，到改革开放的前沿，到中华文化积淀的腹地；在舜帝陵、关帝庙，在郭沫若故居、峨眉山禅院，在孟子故里、孔子家园，在额尔古纳的白桦林、呼伦贝尔的大草原，在中央苏区、革命老区，在鲁迅文学院、河南嵩山书局，等等，祖国到处都留下王蒙的足印，甚至有时候他不辞辛劳地到社区，做文化的探源工作，也下文化的活化功夫。他办讲座、做演讲，让经典通俗化、群众化、人间化，而不是专家化、学问化、玄妙化。我们今天可以从他的大量著述、演讲中看到慷慨无私的王蒙，他把自己人生体验中最精华最精彩的东西，把自己从经典中领悟得最透彻最独到的地方，从来都是毫无保留地奉献给广大的读者和听众，用文化滋润生活，用经典点燃生命。其目的就是实现他立下的宏愿：让文化回到生活。王蒙对中华传统文化的弘扬，也不局限于中华文化的圈子里，更不是那种在桌子底下做的道场，而是将中国的文化经典播撒开来，让中华文化以充分的自信走出去，建构起王蒙式的中国文化话语权。2016 年以来，他先下南洋，参观马六甲文化机构；再到俄罗斯，参加圣彼得堡国际文化论坛，在全体会议上，王蒙作了"我们要的是珍惜与弘扬文化传统的现代化"的演讲，产生了良好的国际反响。在第五届圣彼得堡国际文化论坛开幕式前，与俄罗斯总统普京举行小范围会谈并作"中俄文化交流的历史意义"的演讲。因王蒙的杰出贡献，2019 年 6 月 6 日被评为中俄人文交流领域作出贡献的中方十大杰出人物。

2018 年新年伊始，刚过完元旦佳节，王蒙就应中华文学基金会和北京好未来教育科技有限公司邀请录制"传统文化"课程。这项工作对于王蒙来讲，是一项打基础、管长远的事儿。虽说是被戴上一顶"耄耋少年"的桂冠，但毕竟不是生理上的少年模样了。有时候，只能是心向往之。可是，一想到中华传统文化的弘扬与传播，他又不能不着急起来。正好有这样的好机会，能把这样的课程录制下来，将来放在云端或其他系统中，方便读者的阅读与观赏，岂非一件大好事?！如今，王蒙的著作与很多机构合作，转制成电子读物。2020 年 6 月 4 日，王蒙走进喜马拉雅公司，端坐在麦克风前，听着导播的指挥，录制 80 回视频《王蒙讲述〈红楼梦〉》。2020 年 6 月，80 回的《王蒙讲述〈红楼梦〉》在网上广为传播，三个月后喜马拉雅公布收获了 522.7 万的用户。截止到 2022 年底，喜马拉雅的用户量

1990 年在北京王蒙朝内北小街的居所，王蒙与年轻的文学评论家王干对话交流。

接近 7 亿。王蒙曾经有句名言："我主张读一些费劲的书，读一些你还有点不太习惯的书。"当纸本转换成电子读物，对那些曾经的纸本爱好者来说，这电子读物似乎是另一类的"费劲的书"和"不太习惯的书"，而对于互联网一代成长起来的新生代读书人来说，这正是他们适应和喜好的读书生态，也正是他们的"菜"。那些传统的读书人，在各种因素的影响下，包括社会环境、朋友圈层等，他们也在不同程度地拥抱互联网、掌握新事物，也在互联互通的"朋友圈"中乐此不疲阅读、转发和传播。

前几年，王干在北戴河就网络与文学之间的事儿，与王蒙有过一次对谈。

王干：文学作品刊登在网络上，能让作者和读者直接沟通，就是说两个人在对谈。……网络写作就是可以直接感受到读者和受众的反映，不像原来的刊物也好，图书出版也好，读者的反映到作家那里的过程很漫长。时间一长，作家忘掉了，读者也忘了。那么通过网络呢，读者和作者之间的交流更方便快捷了。

王蒙：听你讲这个我得到很大安慰，因为文学是很宽泛的概念，不管什么载体载的都是文学……你说的是它的普泛性和一致性……所以我觉得这是很有趣的问题。

从感到有趣到实际操练，王蒙对网络的认知越来越清晰起来，而且十分理性和客观。2018年8月25日，一个周六的上午，他欣然地出席十月文学院举办的"第二届中国网络文学＋传统文学 vs 网络文学六家谈"活动。85岁的王蒙，精力旺盛，对新鲜事物保持好奇心，他不管是对网络文学还是对传统文学都充满包容，并建议所有的写作者都应该保有开阔的心态。他在会上说，作家各式各样，平台也是各式各样的，但是你要写得足够的好，不管用什么招，而且要越写越好。中国写得好的人还不够多，太不够了。现在的网站或微信、公众号等，基本上都有文学的板块，但不外乎一是写好的传上去的，二是在写作，这个相对来说流行。王蒙对与文学艺术相关的网络事宜，基本上都要莅临参加，还要谈谈自己的看法和想法：网络不是文学的敌人，只会延伸文学的阅读，扩大文学的空间，可能是文学的翅膀和助推器。也有时候他对大家表达的是担忧：网络给人的感觉是浏览性的，不完全是阅读。

2020 年 11 月 28 日，87 岁的王蒙还在中国互联网艺术大会上作了 15 分钟的主旨发言。掌握读者和观众，这正是中华文化传承传播的关键所在。青春的王蒙，永远青春。他总是与时代同频共振，甚至成为某种时尚的执"牛鼻子"的人。现在很多人接触经典的方法是在多媒体上。但多媒体无法替代读书，文字包含的东西是多媒体不能代替的。比如说《红楼梦》，原著中对林黛玉相貌的描写，不仅是相貌，而且蕴含对她命运和性格的暗示，对她的遭遇和内心世界的理解。王蒙甚至毫不客气地指出："我非常难过，甚至可以说我非常愤怒，广西师范大学出版社的一个调查结果说，网民最看不下去的书就是

2017 年 10 月，王蒙在《文化自信》书籍座谈会上。

《红楼梦》，我觉得这是网民的耻辱。"

这十年来，王蒙除了文学创作外，对中国传统文化的研读是他一个重要而成熟的思考方向。对于一个作家来说，没有文化自信，就不可能创作出有骨气、有个性、有神采的作品来奉献给广大读者。古今中外，概莫能外。2016 年 9 月 22 日，王蒙以一个整版的篇幅在《光明日报》刊载文章《文化自信的历史经验与责任》：

> 我们要坚持"四个自信"，文化自信是更基础、更广泛、更深厚的自信。
>
> 王蒙在这篇重要的文章中，回答了为什么文化自信是最根本的自信？我们现在又需要一种什么样的文化自信呢？

中国自古以文化立国

不自信，无以立国。对于中华民族来说，自信，首先来自于我们有一份独特而丰厚的文化传统。

中华文化的特色是尚文。有很长一段时间，中华民族是一个有着无比文化自信的民族。文化是立国之本，古代圣贤重视的是文化的高明，是仁政，是弘扬人的善性从而靠拢与把握天道的天人合一。孔子在蔡地遇到危难，说是"天之未丧斯文也，匡人其如予何"，在危难之际，他想着自己的使命是斯文济世、天下归仁。孔子说，"周兼于二代，郁郁乎文哉"，他称颂周代继承了夏商两个时期的文明礼制，主张继承周礼。他还称赞管仲："微管仲吾其被发左衽矣"，他注重的是文化守护与传承。

北方游牧民族入主中原后，都被中原文化所折服，他们接受了也丰富发展了中华文化，日益成为中华民族大家庭不可分割的一部分。他们的参与，扩大了中国的疆域也扩大了中华文化的包容性。同时，中华文化也从未停止接受域外文化影响，引进消化吸收融合，增强了中华文化的活力，扩充了中华文化的空间。

中华文化具有崇高的理想信念。它的天下为公、世界大同理念，有利于我们接受信服共产主义学说。儒家的"老吾老以及人之老、幼吾幼以及人之幼"的提法，会使人想到理想社会的图景。中华传统文化包括老子与孔子都提倡的"无为而治"，与马恩国家消亡的最高理想遥相呼应。20世纪的中国接受了社会主义共产主义，绝非偶然。

中华文化道之以德、齐之以礼、孝悌忠信、以文化人、中庸和谐的思想，它的慎终追远、吾道一以贯之、天下定于一的认定，它的"圣人无常心，以百姓之心为心"（老子）的说法，它的克勤克俭、生于忧患、死于安乐的人生态度，它的以清廉忠诚为荣、以贪腐奸佞为耻的价值坚守，它的对于君子、士、大丈夫等社会精英的期待与要求——"恭宽信敏惠""和而不同""反求诸己""坦荡荡""有终生之忧、无一时之患"等，至今活在十三亿人民包括海外华侨的心中，成为凝聚中华民族亿万人民的共识，是不可忽视的软实力。

但同时，长期缺少挑战与突破，对于"天下"即世界情况的知之不多，加之陈陈相因的学风，也使中华文化远在明代，在 14 世纪意大利文艺复兴与 18 世纪英国工业革命之后，渐渐显出滞后与不足。而在鸦片战争后，面对列强先进的科学技术与强大的军事力量的入侵，我们更陷入了文化焦虑与文化危机。卓越的晚清文化大家王国维在北伐军进入北京前夕自杀，称自己"经此世变，义无再辱"，陈寅恪说，王国维的自杀是"不得不死"，因为他感觉到中国文化面临着灭顶之灾。而《天演论》译者严复，这位企图以物竞天择、适者生存的西式理念唤醒国人的启蒙者，最后却落得在大量吸食鸦片中毙命的命运，令人长叹。

我们可以得出结论，今天提出的文化自信是一个历史的命题，也是一个时代性极强的命题。它的提出，回顾了数千年的世界史与中华史，总结了近现代中华文化经受的锻炼与考验，又针对新中国成立以来特别是改革开放以来中华民族命运的大变化。完全可以说，我们"现在更有理由文化自信"。

五四运动激活了中华传统文化

有一种糊涂观点，既然传统文化这么好，那么，正是由于五四新文化运动、革命与改革开放、引进各种外来观念，才把规规矩矩的传统文化搞乱了。有人甚至把五四新文化运动与 20 世纪 60 年代的"文革"相提并论。

问题很简单，请这些人读一下《红楼梦》《金瓶梅》《儒林外史》《官场现形记》就会知道，绝对不是革命搅乱了传统文化，而是文化危机、人心危机、社会危机、民族危机、生存危机一道，激起了无法抵挡的新文化运动、人民革命，并发展为无产阶级领导的新民主主义革命与社会主义革命。近现代中华民族与中华文化的曲折道路、动荡不安，不是无事生非，不是自毁瑰宝，而是绝地求生、悲壮救亡，是面对"亡国灭种"的危险而从头收拾旧山河旧文化的趋势使然。

五四新文化运动直到中国共产党领导的人民革命，通过"德先生"和"赛先生"（民主与科学）与爱国主义的提倡，通过马克思主义振聋发聩的传播，使传统文化中的糟粕受到针砭时弊，使中华传统文化得以痛切反思自省，使马克思主义中国化，使中华传统文化革命化、大众化，从而开始实现创造性的转变、创造性的发展，获得了新的活力。同时，革命的艰苦实践，也继承与发展了传统文化中已有的英勇献身、艰苦奋斗、百折不挠、联系群众、五湖四海、敢于胜利、善于斗争的精神。

反过来说，如果没有五四运动的冲击，没有马克思主义的引进与中国共产党人的发扬，没有人民革命的胜利，如果我们生活在甲午战争或者八国联军入侵的年代，我们还能有什么对于传统文化的信心呢？

1949 年中华人民共和国的成立，使中华民族出现了前所未有的文化自信与文化豪情。毛主席预言，随着经济建设的高潮，也将出现文化建设的高潮。新中国扫盲、普及教育、普及卫生知识、发展教科文卫体方面的成就有目共睹。同时，中华文化的繁荣发展，并非一帆风顺，我们也走了不少弯路。一个古老的东方大国，发展成为现代化的社会主义国家，谈何容易？

改革开放近 40 年后的今天，中国又一次站到了历史的重要节点，再一次使我们思考中国文化之历史命运。我们温饱了，进步了，小康了，国力大大增强了，在国际上越来越有分量了，中华文化在今天能为中华民族的软实力提供什么样的精神支持？能为人类作出什么贡献？中国人应该以怎样的面貌与世界相处？

中国共产党继承与弘扬了中华传统文化

中国共产党当初之所以能打败各种势力，走上执政的位置，一个充分的理由便是，它走了一条把马克思主义普遍真理与中华文化精华相结合的道路。毛泽东提出的中国共产党的"为人民服务"的宗旨，来自马克思主义的"人民创造历史"的唯物史观，同时也延续了中国"邦以民为本"（《尚书》）、"民为贵"（《孟子》）的思想。毛泽东提倡的自力更生、艰苦奋斗，谦虚谨慎、戒骄戒躁，与中华文化的自强不息、威武不屈，生于忧患、死于安乐的古训是一致的。毛泽东的游击战略与抗日持久战的思想，与老庄孔孟的以弱胜强、得道多助、多行不义必自毙的主张相佐证。毛泽东在整风运动中提出反对主观主义以整顿学风、反对宗派主义以整顿党风、反对党八股以整顿文风，无不与中华传统文化精华互文互证。毛泽东在与各种洋八股党八股的斗争中，确立了"实事求是"的思想路线，后来成为邓小平实行改革开放政策的思想基础。正是因为中国共产党人继承了、弘扬了也创造性地发展了中华传统文化，才能实现并且继续实践着马克思主义的大众化、本土化、时代化，也才能始终扛着中国特色社会主义这面大旗不倒，拿出以中国道路和中国成就所证实的中国方案，为世界有识之士所瞩目。

我认为，没有新文化运动，没有新民主主义革命与社会主义运动，没有改革开放与有中国特色社会主义现代化的成就，停留在"半部论语治天下"的自欺欺人之中，我们就会自绝于地球，用毛主席的说法就是被"开除球籍"。而另一方面，如果丢掉了中华传统文化，也就丢掉了人心民意，切断了几千年的文脉，离开了自己脚下的土地，自绝于本土与人民。在新中国成立以后某些时期的风浪中，例如"文革"后期人民对于周恩来总理的拥戴与怀念、对于"四人帮"的反感与结束"文革"的愿望，都可以清晰地看出古今一脉的忠奸观念与正邪分野的强大生命力。小平同志正是在这样深厚的民意基础上，不失时机地顺应潮流，坚定不移地实施改革开放政策，使中国特色的社会主义出现了新局面。如今，党中央又在新的历史机遇中提出文化自信与传统文化的继承弘扬转化发展。所有这一切，都是基于对中华民族使命的担当与自觉。

有中国特色的社会主义道路，"一个中心、两个基本点"的提法，社会主义初级阶段的提法，面向世界、面向未来、面向现代化与不忘初心、继续前进的提法，全面建成小康社会、全面深化改革、全面推进依法治国、全面从严治党的提法，不忘本来、吸收外来、面向未来的提法，映射出来的正是中华文化统筹兼顾、中庸务实、自强不息、厚德载物的光辉。

这些正与中华文化的穷则变、变则通、通则久，自强不息、不进则退，苟日新、又日新、日日新的变革观，还有吾日三省吾身、闻过则喜的精神相对接。

在我国改革之初，西方一些政要，如当时美国国务卿基辛格、当时美国国家安全事务助理布热津斯基等，在接触过中国领导人之后，都预感到了中国崛起的必然性。布热津斯基 20 年前就预言："中国可能不用太长的时间就会在全球事务中采取一种较为坚决而自信的姿态。"他们认为，用中华文化武装起来的中国领导人，有一套自己的战略思想，是理想的也是务实的，是敏锐的也是有耐性的，是坚强的也是善于应对与自我调整的，是讲原则的也是足够灵活的，是善于保护自身又具有足够内存容量的。这正是中国思维方式所赋予我们的养料：不拒绝任何为我所用的启示与参照，不做刻舟求剑的傻事，同时懂得过犹不及、见贤思齐、见不贤而内自省，循序渐进、稳中求快，保证改革不会走上歧路。

中华传统文化的转化与发展

我们碰到的问题是古老文化的现代化。转化是指，要使封建文化与半封建半殖民地文化实现社会主义现代化，把前现代的精神资源转化为现代化的精神财富。发展是指，摒弃相对保守滞后的文化以建设适用于科学思维的、汲取了人类先进文明成果的、符合人类发展方向的前瞻性文化体系。这件事做得好，将使中华民族受益无穷，并为世界提供范例。

文化有相对稳定性、生活嵌入性、无处不在性，何况已经延续了几千年的文化。文化是一个互为依存的整体，它是你中有我、我中有你，"去其糟粕、取其精华"，说起来容易，做起来却没有那么容易，这就是为什么有些带有封建主义瘢痕的文化遗存总是依附在我们社会肌体上。但是不论有多么困难，我们必须面对这个时代课题。

比如《弟子规》中有"人之短、切莫揭"一句，一般来说这是对的，别人有什么生理缺陷、难言之隐，你当然不能总挂在口头上；但是从另一个角度讲，人要有是非观念，要坚持真理，有的短是要揭的啊！而且除了弟子行为需要规范以外，父母也罢，上级也罢，都要树立自己的规范与责任。如同需要"弟子规"一样，我们也需要"老板规"与"父母规"。

又比如孔子的名言"君子不器"，是说君子的责任在于修齐治平，君子不应该关注于形而下的"器"，而应该全神贯注于形而上的"道"。但是我们今天认为，"器"和"利"，关系发展这个硬道理。我们今天必须强调传统文化中所缺少的科学、逻辑、数理、技艺，"鲁班精神"、"工匠精神"、科学方法、精细管理、经济效益等等，恰恰是我们现代化过程中必须大大关注与致力的。但是孔子讲

"君子不器"自有他的道理。孔子的中心意思是说，君子不应当拘泥于小事和具体事，而应当通过"器"看到事物的"道"，不要成为器具的奴隶，要有理想、有道德，成为生活主体。这个说法在今天甚至具有"后现代"意义。

再比如孔孟都强调从家庭中的孝悌做起，达到仁义天下、忠恕他人的目标。孟子甚至假设如果舜的父亲杀了人，舜可以逮捕他，但逮捕后应该帮他跑掉，放弃王位，陪他度日。这当然不符合现代法制精神。我们不能将家庭人伦血缘关系摆在道义与法律、国家利益与人民利益之上。但同时我们依然认为，孔孟所强调的家庭伦理关系是我们中华文化的一大特色，是合人伦合常理的，只是必须遵守法律底线，符合公共道德。

文化创新发展的关键是，要用先进文化丰富调整安顿我们传统文化中的道德人伦情感，同时用传统文化的包容消化能力使当代文化、外来文化变得更加符合国情，对今天的中国适用与有效。

近年来，有西方学者感叹他们的颓势，认为西方的优越性已快走到尽头；但也有人依然竭力贬低中国经验。问题是不管有来自何种方向的声音，越是在各种质疑声中，在世界可能需要从古老中国的稳健思路与轨迹中获得参照与补充的时候，我们越是不能对自己的成就和发展感到满足。我们志在对民族对人类作出更大贡献，我们还有相当差距，对待外来先进文化的学习借鉴、汲取消化、为我所用的脚步不能停止，同时把中华文化继承好弘扬好。

文化自信还有一个重要方面，就是对于中外大事大课题，我们要有自己的语言，要有中华命题和中华说法。例如"一带一路"战略，就正是"己欲立而立人，己欲达而达人"的落实。我们要以开放的心态美人之美、美美与共，不泥古、不崇洋，以天下为己任。中国越是发展成功，越要善于学习，永不停步。中国的文化自信是前进中的自信，学习中的自信，从善如流的自信。

今天谈中华文化的创新发展有其特殊意义。我们身处一个时常感到无所适从的多样文化环境，面对的是一个在近现代受到过多方挑战、多种考验、不无歪曲的文化，一种博大精深而不易轻易取舍的文化，又是一个随着国家的迅猛发展，日益被珍视、显现出强大生命力的文化。此时更需要我们汲取正确的精神实质，有扬有弃，有用有废，把传统文化中歧视妇女、弱化身心、扼杀创造等种种封建糟粕，毫不留情地淘汰，而把激励心志、坚守美德、智慧深邃、胸怀天下等壮阔醇厚的元素，薪尽火传，日月经天，一代一代传承下去。

全球化时代的中国文化格局

随着改革开放的发展，人们的思维方式得到多方启发，文化思潮日益开阔丰富，出现了多样化的文化生态，但也似乎出现了"乱象"。全球化与现代化，冲击着我们的生产方式、生活方式、语言方式、风俗习惯、民族传统。有些毋庸置疑是应该接受的，有些则是我们不愿接受而必须面对的。比如批量生产的消费文化，冲击着主流文化、高端文化；迅捷的网络信息，人云亦云的大拨思维，冲击着独立深入的阅读与思考。市场经济在更好地配置资源的同时，也使文化领域染上了拜金、浅薄、媚俗、做假的风气，市场炒作使文化成果良莠莫辨，有偿新闻与有偿评论加剧了这种混乱。在浮躁的气氛下，有些演出在热热闹闹之后并未给我们的文化留下任何遗产，票房高低常常成为一部电影是否"成功"的唯一标志，而文学作品则是印数至上。网络中出现了各种贬低严肃文化与高尚思想的低俗甚至丑陋的东西。价值观念、社会风尚，都通过娱乐休闲市场表现出了异质的多样元素，此外还有一些片面性荒谬性观点，例如全盘西化或者全面怀旧等思潮倾向。

这种时候，更需要文化自信、文化定力，更要勇于与善于实现引领、整合、包容、平衡与进一步提升，以优秀传统文化、主流文化为主心骨，积极构建生气勃勃、富有创新活力，又能够满足人民多方面精神需要的多彩多姿的文化生态格局。

社会主义核心价值观的教育可以成为我们文化自信的载体。我们提出的富强、民主、文明、和谐、自由、平等、公正、法治、爱国、敬业、诚信、友善的核心价值，既融会了古代中国的仁爱、亲民、崇文、尚和观念，也体现了先进的爱国、人权、民主、自由、法治观念，并且与我们革命文化中的集体主义、奉献精神息息相通。

重视价值观教育，就是重视世道人心，就是让每个中国公民都有道德主体意识，诚如孔子所说："仁远乎哉，我欲仁，斯仁至矣。"法治是维护社会稳定的底线，道德则是调节规范社会稳定的无形而强大的支柱，而文化，恰好决定了道德的价值构成。如果每一个中国公民都散发出中华文化特有的气质，都以社会主义核心价值观为行事准则，那么，中国人的精神面貌就会焕然一新了。

某些文化歧义与碰撞，带来了冲击也带来了机遇。我们对于"双百"、"二为"方针的坚守，将有利于文化的繁荣；我们对于文化人才的支持与尊重，将吸引各方人才为我所用。国家的文化操作，应该有利于更好地进行文化教育与创新、文化争鸣与讨论、文化传播与提升。

提倡中华风度与中华生活方式

我们的文化自信不是顾影自怜，也不是文化自傲，更不是像"奇葩"辜鸿铭欣赏妇女小脚、赞成一夫多妻制那样的扭曲的"自信"。我们应该提倡一种"中华风度"：文质彬彬、从容不迫、避免争拗、和谐稳重，再补充以健康公平的竞争，以及对于核心价值核心利益的坚守，"中华风度"几近完美。设想一下这样的中国人：有着诗书礼乐的教养与文化，琴棋书画的益智与审美，精致而俭朴的生活态度，贫贱不能移与富而好礼的姿态，行云流水、水到渠成的耐心，穷则独善其身、达则兼济天下的明达与开阔，谁能不喜爱有着这样"中华风度"的人？遗憾的是，由于历史条件的局限，由于教育传承得不够，许多国人没能将风度塑造得如此美好。

我们应该格外珍惜这一份深厚独特的文化遗产。文化是理念更是生活。我们的汉语汉字、诗词歌赋、笔墨纸砚、中华烹调、养生医药、建筑园林、传统节日、民族艺术、民间工艺、礼仪民俗……构成了优美的中华生活方式。在全球化时代，我们越发认识到民族与地域文化特色的珍贵。尤其是汉字的综合性、丰富性、灵动性与审美性特色，是中国保持统一的重要因素，是中国人整合性关联性思维的重要基石。我们要进一步提高全民尤其是青年一代的汉语汉字水平，在提倡普通话的时候保护方言，在普及简体字的时候珍重繁体字，在使用白话文的同时学习掌握文言文。学习外语永远不应是也不能是疏于母语的理由。如今，不仅国人日益从中华文化生活方式中得到了可贵可亲的享受和滋养，还有更多的国际友人加入了学习中华文化的行列。

中华文化经圣人学者的阐扬，历经几千年，早已化为亿万人民的日常生活。文化贵在潜移默化，贵在浸润身心，贵在心心相印，贵在蔚然成风。真正的文化自信拒绝炒作造势、夸大其词、巧言令色、形式主义；真正的文化自信具备抵制低俗化、浅薄化、哄闹化、片面化、狭隘化的能力和定力。文化属于人民，文化的有效性在于提升生活质量、精神面貌、成就实绩。文化属于人民，文化还归功于巨匠大师，文化需要强大阵容，文化需要群星灿烂，文化要看高端果实，文化一定会造福本土、造福人类、造福全球。这都需要我们有国家层面的长中短期文化教育规划，国家层面的思想文化激励与荣衔制度，以催生国家层面、人类层面的引以为自豪的人才和成果。

我们中华民族确实应该比以往任何时候都更加自信，这不是"老大帝国"的狂妄自大，这是建立在转化与变革的举世瞩目、发展与创新的累累硕果之上的坚实自信。中华民族比以往任何时候都能更加坦然地面对困难，化解矛盾。我们走过的道路让我们自信，我们创造的业绩使我们能够自信。

文化自信是最根本的自信，是由内而外的自信，是有定力的自信，是有凝聚力感召力的自信，是面向世界的自信。我们要以文化自信、文化复兴，托起我们的道路自信、理论自信、制度自信，创造我们的文化辉煌，助力于中华民族的伟大复兴！

这篇文章，是王蒙在山东济南的一次重要演讲的基础上形成的，这是王蒙对"文化自信"这一命题迄今最为系统的思考，无疑这也是他自己对于"文化自信"这一重大命题的"宣言书"。对文化特别是中华文化的发展与繁荣，王蒙从来没有停止过追寻与探究，从来没有停止过思索与践行，从来没有停止过传承与弘扬。王蒙强调，坚定文化自信，要谙熟我们中华民族的历史，历史是一面镜子，历史也给了文学艺术工作者滋养。要树立正确的历史观，"落其实者思其树，饮其流者怀其源。"今天我们读到王蒙的这篇宏论，除了感受到其中文字的魅力和历史的深邃外，我们更多的是能从字里行间读到一个文化老人对中华文化青春般的使命与担当，读到一个自信的文化老人对中华文化充满着自豪与自信。文明、文学、文化，要在吸收外来、面向未来的过程中，时刻不忘本来、感恩本来。

为了更加系统地表达自己对文化自信的理解和期待，王蒙将自己的二十篇文稿收录精选成《王蒙谈文化自信》一书，2017年10月由人民出版社出版。全书分为"综论""历史的经验与责任""对传统文化的自信""面向世界的文化自信"等四个部分，论说独特、语言生动，思想犀利、内涵深刻，围绕着

"文化自信"这一主题，探讨文化自信的时代意义与实践启示，探讨中华文化的历史命运；琢磨传统文化的取其精华、去其糟粕以及文化自信与道路自信、理论自信、制度自信的关系；领会继承弘扬与转化发展的关系；研习孔孟老庄文化与农民起义文化，五四新文化运动与中华传统文化，传统文化与革命文化、社会主义先进文化，文化的恒久性与时代性，精英性与大众性，还有中国文化本位与"一带一路"建设和人类命运共同体的关系；等等。

《王蒙谈文化自信》一书包含以下几个部分：

一是综论。分"旧邦维新的文化自信"和"文化复兴的历史机遇"两个分论点。二是历史的经验与责任。主要讲述以下几个方面，包括"文化自信的历史经验与责任""文化定力与文化自信""文化自信与文化焦虑""文化自觉与文化自信""从文化紧张到文化和谐""建立从容深厚的文化自信""北京奥运会的文化意义""莫言获奖十八条"。三是对传统文化的自信。王蒙在这个部分指出并呼吁"传统文化的基本精神与意义""发掘传统文化，充实价值认知""向人心喊话""传统文化的认同、弘扬、创新与发展""道通为一"。四是面向世界的文化自信。王蒙从"懂得文化，积极交流""全球化视角下的中国文化""全球化时代：如何防止'精神贫血'""文化走向更大的开放和包容""现代化与民族文化建设"给出了解决问题的方法论。

王蒙在书中用这样一段精辟的阐述强调文化自信，"不是汉唐明清人在讲文化自信，而是 21 世纪中华人民共和国人民讲文化自信；不是孔孟，也不是秦皇、汉武、康熙、光绪讲文化自信，而是中国共产党人讲文化自信。"还说"我们的文化自信，包括了对自己文化更新转化，对外来文化吸收消化的能力，包括了适应全球化大势、进行最佳选择与为我所用、不忘初心又谋求发展的能力。"这样的话语，透出王蒙的智慧与信念。但是，越是对中华文化的深爱，越是害怕有人去炒作与玷污。在王蒙的心灵深处，中华文化是深沉地植根于此的，有时候往往真是"我的眼里常含着泪水"。他敏锐地看到在弘扬传统文化中出现的那种种现象、苗头：形式化、皮毛化、消费化、口号化、表演化、煽情化、卖点化、圈地化、抢滩化，等等，王蒙对此既忧虑又毫不犹豫地告诫道：文化建设有它的复杂性、细致性和长期性，不能简单化、片面化，更不能急躁冒进。书中还不乏对一些事情给予循循善诱般的指点，例如，他讲社会主义核心价值观的宣传，是"对于世道人心的喊话""要贴近与引领人心""价值建设的关键在于与人心的对接"，等等。王蒙从来不是板着面孔讲理的，书中有些地方也透着生动有趣。在第二部分的最后一个段落，王蒙以资深作家、文化大家观照到对于莫言获得诺贝尔奖后引发的种种议论，用《莫言获奖十八条》这个题目，释疑解惑，客观多元，有效地疏导消解各种争议。责任编辑谈到这本书，认为本书重视了理论与现实问题的结合；陈晋认为："讲了书斋里、学院派的那些专家学者讲不出来的道理。"李君如说："由一个有文化自信的文化人来谈文化自信，更具有理论性。王蒙先生是文化人，他是文化学者，文化思想者，他是有思想的一个作家，他的作品具有思想性。"邬书林"从出版的角度看，在众多谈文化自信的图书当中，这是一本有深度、有说服力、很有用的理论著作"。

经历数千年的中华民族、穿越世纪的中国共产党，从遥远的时间古道中走来，带着悠久历史的深沉自信、璀璨文化的高度自觉，中华文化将在世界文明发展的大家庭中，演绎出绝代风华的中国精彩。"自信人生二百年，会当击水三千里。"对"文化自信"这一重大命题，王蒙则是当代一个称得上"三不朽"的人物。《左传·襄公二十四年》有这样一则故事，春秋时鲁国的叔孙豹与晋国的范宣子曾一起讨论何为"死而不朽"。范宣子认为其祖先从虞、夏、商、周以来世袭贵族，香火不绝，这就是"不朽"。叔孙豹不以为然，他说这只能是"世禄"而非"不朽"。真正称得上不朽的应该是"太上有立德，其次有立功，其次有立言，虽久不废，此之谓三不朽"。除了在"立言"上下功夫外，王蒙真正做到了"立德、立功、立言"的高度统一，将传承传播中华文化当作自己孜孜以求的一种凡世的永恒价值。他像一个更夫，但不只是打更报时，更是要"鸣锣报警"；他像一个耕者，不仅耕田耙地还要田间管理；他是一个智者，更注重于脚下的功夫和传道解惑的深度与广度。据统计，仅 2016 年 9 月至 2017 年底的 14 个月时间里，王蒙以"文化自信"为关键词的演讲就达 15 次，从国家机关到国家级媒体，从祖国的东部到中西部，不管是机关干部、行政人员，还是社会名流、青年学子，王蒙不知道疲倦，也不管旅途的劳顿，八十高龄，三尺讲台，将高深的理论用王蒙式的语言风格，将艰深的历史用王蒙式的独到理解，绘声绘色、风趣幽默地讲出来。讲座中，课堂上，王蒙是轻松的，听者是愉悦的，所有的一切都建立在自信之上，从而在每一个人的心里进一步地确立了文化自信，引领着每一个人的人生自信。

五、与诸子一起飞翔

时代的变迁越快，生活的节奏也越来越快，像在湍急的河流中，生死一搏。哲学家罗素曾经说过："人的一生就像一条河，开始是涓涓细流，被狭窄的河岸所束缚，然后，它激烈地奔过巨石，冲越瀑布。渐渐地，河流变宽了，两边的堤岸也远去，河水流动得更加平静。最后，它自然地融入了大海"。

王蒙和所有的人一样，这十年遇到了从未有过的大考验，持续三年的新冠疫情，给人们的生活带来了许多的不确定性。当面对这样的劫难，人往往在无力去解决面对的现实问题时，喧嚣的世界特别是自媒体异常发达的虚拟世界，生逢其时地给很多的人找到了一个内卷的机会或者说是一种能够劝慰自己的理由，有的人主动选择"躺平"，也有的人被动选择"躺平"。而王蒙在这十年中，他以自己的姿态和全部的体验，在文学、文化乃至生命中，参悟人生、说透人生、点亮人生。天地之大德曰生，君子应自强而生生不息。可人生，上寿至多百余年，呼吸一停止，人生就断灭，怎样才是好的人生呢？人人都在思考这个问题。王蒙对此也有深刻的思考，他花大力气探寻中华根脉，赋能当代生活，裨益后世奋进。

人生应该是发光的过程，这是王蒙对人生的态度。"即使生活还相当困难，爱情还隐隐约约，学习还道路方长，社会还明明暗暗，人间还有许多不平，你也要投入，你也要尽力、尽情、尽兴、尽一切可能，去完成自己，完成人生的使命。"2020年5月，江苏凤凰文艺出版社出版了王蒙的全新散文集《人生即燃烧》。出版方讲这本散文集，是一个有着丰富生活经历和创作经验的人，通过展示其半个多世纪以来在文学创作方面的成就，讲述自己对文艺与人生的深刻理解。生命乐生，王蒙始终在自己的文字中秉持幽默智趣的态度，以独到的观点和辩证的思维，理性对待人间万象，透出"不可救药"的乐观主义。一般来说，人们观赏一部电影，多是从电影语言形成的蒙太奇中感悟影片的本体、艺术造诣以及主题含义，而在王蒙这里他总是把人生体验结合进去。例如，他在新西兰的奥克兰观赏了获最佳故事片等四项奥斯卡奖的《雨人》，"但我喜欢这部电影却是从更深的层面感受。"他甚至认为，在美国这样一个性崇拜性爆炸的国度里，《雨人》中表现的场景恰恰"真是对隐私权的最大嘲弄！真是对性崇拜性美化的最大嘲弄！""雨人"的言行，更是让王蒙追问"是谁可怜？是谁可笑？是谁有精神病？"的一部电影。横看成岭侧成峰。但王蒙看到的"雨人"，是满"纸"荒唐言，一把辛酸泪！"二十世纪以来人类愈来愈学会正视自己的困境和弱点，愈来愈善于自我嘲弄了。"王蒙说这种嘲弄有一种悲观色彩。通过一部又一部电影的解读，王蒙感到，人生实苦，然而有美。他告诫说，在人生之中，用一种审美态度观照自我，就有了人生的滋味。王蒙对待人生是有趣的，他还这样比喻："比如你是一枚炮弹，被尽力发射出去了，而且爆炸了，即使没有完全命中目标，也是快乐的。你是一粒树种，落到了地上，吸足了水分养分，长成了树苗，长成了大树，即使没能长到更大就被雷击所毁，你也可以感到某种骄傲。你的形象是一株树的好的纪念碑，你的被毁至少是一次大雷雨的见证，是一个悲剧性的事件。人生是一个过程，是一个时间段，是一次能量释放反应，重在参与，重在投入，重在尽力。胜固可喜，败亦犹荣，只要尽了力，结账时候的败者，流出的眼泪也是滚烫的与有分量的。而没有尽力，蹉跎而过，那可真是欲哭无泪了！"

王蒙是独特的，而这本集子的独特就在于王蒙用文学的方式识破人生真相，因而被人们尊为"国民精神良药"。在许多年前，张中行老人的《顺生论》完全用一种哲思，也给了人这样一种独特的旨趣。王蒙在《天地人生》中也谈"生死"，但显然与张中行的论述方式、认知方式都是有所不同的。但是，显现的思想之光，各有各的精彩，也给读者不同的感受和帮助。顺着两位媒体人对王蒙这本集子的理解，也是令人感到仁者见仁的。在央视女主持人董卿的描述中，王蒙"所

《天地人生：中华传统文化十章》获得"2022 年度中国好书"

有的文字，都是他有文才的最好的证明，但同时也是他活过的最好注解"。凤凰卫视男主持人窦文涛一反常有的俏皮，很正经地说："我发现王蒙老师对我，很有人生导师的这个感觉。"这本书，最诱惑人的语言，莫过于这句话："人生再艰难，文学依然在场。"这是多么疗伤的一剂方子！

进入耄耋的王蒙，并没有好为人师的嗜好，可他却有一份热心，也就是古道热肠。这也是这位老人的可敬可爱之处。就在他被授予"人民艺术家"称号的 2019 年 9 月，人民出版社出版了一本《王蒙妙语录》。这本书妙就妙在全书是从作者上千万字的作品中撷取的妙言佳句、妙言警句，也是绝妙的智者锦囊。王蒙的这本书，看上去类似一本摘编或摘抄，但是捧给读者的则是他人生处世智慧精华的浓缩，字字珠玑，句句精辟，逸趣横生。他从道德与做人、学习与理想、处世与友谊、爱情与自爱、机智与人际关系等方面，并把自己的识人观事、判断是非、修炼自我的处世经验进行了归纳总结，不仅作出了理性的诠释，而且提出了实用可操作的建议。无论你是读书求知的青少年学生，还是为社会为国家奉献力量的工人、农民、国家工作人员、科技工作者，不同的人生都会从王蒙的智慧中对应出并体会到适合于自己迈向成功的智慧。有人在书中读到了家国情怀和哲学体悟，也有人读出了学习的妙趣，如这样的警句：

　　学习者，至高至强至清至明复至艰复至乐也。

　　恰恰是在身处逆境之时，学习的条件最好，心最专，效果最好。

　　经验和这个书本之间互证和互相发现，这真是人生的一大快乐。

　　学习造就了你的眼睛，造就了你的神经，造就了你的智慧。

还有人从这本书中读出"养生之道"：

> 多种多样的兴趣与快乐，不仅有益于健康也有益于学问、工作乃至处理公私事务。
>
> 自然最舒适，自然最养生。
>
> 自然是一种"度"，恣肆而有节制的"度"，事物与人心具有的本身的分寸感。
>
> 以养生而养生者，养生之末流也；以不养生而养生者，养生之道可道非常道也。

这就是王蒙的妙语，这就是王蒙的智慧，这也是王蒙用一本书的篇幅，将自己几十年的积累从不同的角度萃取语言的精华、思想的精粹，带给人们有关人生的启迪。点点滴滴闪耀着智者的光芒，照亮着人们前行的路。

王蒙还于2014年底出版过《王蒙执论》，精编的80多篇文章是他30多年中对中国文化的重要观察和多重思考。王蒙时刻关注着国家的前途、人类的命运、时代的脉搏，挚爱真善美，关注天地人。他不仅是一位作家，也是一位政治家，一直是中国文化建设的思考者、参与者、推动者。他还是多种角色的综合体，曾经的文化部长、单纯的作家、社团组织的负责人、全国政协机构的成员等，其中的任何一个角色都有说不尽的人生故事和生命体验。他说："我是写作人，真的，多愁善感，先锋浪漫，细节栩栩，泪眼迷离，梦里想的也是创新和突破。"他还说，"我是干部，调查研究，总结分析，概括归纳，统筹兼顾，选择拒斥，进退应对，暗箭明枪，游刃有余，'天'气地气，恰到好处，口碑载道逆境，起伏沧桑，端的是一番男子汉的风风雨雨，终于还是阳光坦荡，扫除鬼蜮。"这本书反映了王蒙的思想脉搏，并让人从中领略到他出神入化的人生智慧。他也确实够下功夫的，把深刻别致的人文情怀贯穿在他那开放前瞻的文化思路当中。王蒙说，书名"我自己起的'执论'这两个字，似乎有点个性与担当，一时说不清楚，但是确实喜欢"。《王蒙执论》可以说是王蒙的首部政论文集，但是满篇还是写他的人生与人世间的瓜瓜葛葛，还有他自己起起落落的人生，他依然还是要观照他人的人生，为大家伙儿提供一种视角和借鉴。

众所周知的原因，现今的人们对古典文献的阅读，不是说有什么障碍，但至少需要有门槛、需要有一定的训练或者是接受一定程度的教育来作为基础，为阅读古文提供保证。现今的人们，也不是随便拉出一个人来个顶个儿地能顺溜地把"之乎者也"说出个子丑寅卯来的，弄不好是你看得头昏脑涨还理解得颠三倒四，也许还是理不出个头绪来的。可是，但凡经典，你随便拿到一本，随意打开一章，顺手翻开一页，读懂了，弄通了，俯拾即是作者的智慧，是教育人"修身齐家治国平天下"的本领，这就是传统文化的魅力。如果把一次阅读看作一个完整的传授关系，那么前面所说的是"授"者的事儿。而作为"传"的这个方面，面对中华传统文化，我们也深知中华传统文化博大精深，那么，哪儿有那样一种看似平易近人的切入方式，一下就让人能提要钩玄呢？王蒙高屋建瓴，一语中的："传统活在当代。"正如王蒙所说："为了担当起随着时代发展而愈益艰巨复杂化了的历史使命，我们需要一再咀嚼反刍我们的传统文化，实现传承、弘扬，创造性转变、创造性发展，更唯精唯一、阔大恢宏、高瞻远瞩，而又实事求是地建设中国特色社会主义文化，贡献人类命运共同体，贡献英特纳雄耐尔（国际主义，一般代指国际共产主义理想），贡献朗朗乾坤，贡献'大道之行也，天下为公……是谓大同'。"对此，王蒙极其清醒而主动。他开辟了新的路径，他穷尽心血地为人们提供了一个认知的方式，也有人说是王蒙给我们开出了一个药方或者是偏方，这就是王蒙奉献给人们的新作：《天地人生：中华传统文化十章》（江苏人民出版社 2022 年版）。类似的著作，还有中央文史出版社于 2018 年编辑出版的王蒙的散文随笔集《天地·岁月·人》。

我们应该看到，在面对三年的疫情，谁不曾有过对生命的疑惑、对生命的惜爱？谁不曾苦苦地找寻安心自己也告慰故人的理由？那些关于"安身立命"的古老命题，在当下的社会中究竟还拥有怎样的意义？《论语》《道德经》《逍遥游》《尚书》《周易》《春秋》《史记》《传习录》……中华典籍，浩如烟海，经验和经典，都是一种可能。民间有这样一句话，听上去是有过案例佐证的，叫"草头方子治大病，单方气死名医"。而王蒙则不仅仅是一个开方子的人，他在这部新作中，以近九十年的人生阅历、六十年的潜心研习，围绕生死、天地、修身、君子、美德、劝学、风度等十个核心要义，对中华五千年传统文化进行深入浅出的解读，用生活化、哲理化、思辨性的语言揭示其中的丰厚内涵与深远意义，回应时代新声。由此，我们在王蒙的"天地人生"中，在他的领读下，人们以自己的方式探索这个时代的价值观、思维方式以及生活准则之源头，从而在中华五千年优秀文化中汲取人生的力量，获得古代文化文明中至今还对我们的生存生活不乏启迪的丰厚营养。王蒙自己讲得好："在此书里，以天地人为源头，以人的生活为本体，以文化为汹涌奔腾的巨流。生活来自天地大千世界，文化是大千经验、大千学问、大千智慧。"王蒙的这本书从文化与生活之关系作为思考写作的出发点，阐发中华传统文化与新时代国人人生共情的可能，强调传统文化对当代生活的指导价值，最终，让文化回到生活。所以，王蒙说："归根结底，这是一本努力让文化回到生活的书，让古代与现代尽可能接轨的书，让生活之路受用文化滋养的书，让高大上的人物和传统文化与人们贴近的书。"但王蒙从来没有说过，也不这么认为他的一本书就算是一剂良方吧，哪儿就能包治百病呢。至于这本书，它无疑是王蒙所称道的"人生天地"，对任何一个人面对现实困境是否一定有立竿见影的效果，那肯定是仁者见仁、智者见智。这本书对于谙熟古代经典的读者，似乎还有些许的不过瘾或者是不到位。我们深知，读书从来都是一件私人化的行为，人们形象化地比喻说，就如同有的人拈花微笑，而有的人则万花丛中过，片叶不沾身，就这么回事儿。不管怎样，对读者来说，你既可以把它看作一位经受了岁月洗礼的老爷爷给年轻人说家常，也可以把它看作一位德高望重的智者晓谕人间，是一部萃大雅、集大成的文化人生读本。怎么读《天地人生：中华传统文化十章》？通读固然是一种办法，从某些篇章中体悟出作者的智慧，或者你相信了王蒙对古代经典著作的推介，或者是对书中引用的古人原典、诗词、歌赋、名言等有所记忆，这样的话你也完成了读书的初衷，达到了学习的目的。

王蒙从修身出发，有着系统地阐述"修身不是做样子，不是背书空谈教条，不是苦行受罪。修身是光明的喜悦，是成长的幸福，是精神的强健与丰富，是智慧的游刃有余，是境界的提升与开阔，是性格的圆满与自如。"修身之后，如何圆满人生呢？王蒙给出的答案是文化，因为"优秀的文化为自己的发展进步留下了足够的空间；为自己的学习、汲取、消化，准备了足够的决心、胃口、胸怀与本领；为自己的与时俯仰、与时俱化、薪尽火传、传承万年奠定了足够的根基，根深叶茂、触处生春、活力横溢、承旧启新、前景无限！"王蒙的智慧给人一种高级的人生态度和正确对待人生的思维方式，从问题出发，乃至到解决问题的办法，他的确描摹了一个又一个有关"天地人生"的方法链。因此，我们不得不叹服王蒙的"天地人生"是系统的而不是片段的，是实在的而不是哗众取宠的。就说"生死"二字，多庄严的事情。可在王蒙的笔下，却亮出了"青春本色"，研古而不迂，年老而不腐："生老病死，生而后死，是天道，是大道，是大自然不可变易的规律，是能够做到的就好好活、健康地活、文明地活，尽可能快乐与有意义地活，尽量避免由于荒谬、迷信、压迫、剥削、失误而自损生命的质量。"所以对生老病死要妥协，但不是今天人们讲的"躺平"。人掌握和学会了这种妥协的态度，人生就会豁然开朗，就会像海子写的那样：面朝大海，春暖花开。"人生值得努力过好，生活质量需要不断提高，人格需要完善再完善，喜怒哀乐值得去体验，艰难险阻值得我们去奋斗去克服，顺逆通塞都在考验试炼丰富充实我们的人生。"他还进一步地明确，除了妥协，人生当然还要进取，这样的人生才有意义。不过介于其间还有一道人生的大命题，那就是：和解。这是一个人通达内心世界和外在环境时的自省和作为，"行到水穷处，坐看云起时。"

　　王蒙的论述，总是能让人心悦诚服。但是，许多问题是要你有过切身的体验，才能与之产生共鸣。通常人们对于生命价值的感悟，是认为人活着的时候要得到应有的尊重。而王蒙认为，"仁义、丧葬，比生命更重要的价值"，这一认识来源于孔子的"志士仁人，无求生以害仁，有杀身以成仁"。孟子"生，亦我所欲也；义，亦我所欲也。二者不可得兼，舍生而取义者也"。到了王羲之讲得再明确不过了，他在《兰亭集序》里说道"死生亦大矣"。因此，王蒙则对此有深刻的理解："儒家重视丧葬文化，重视表达老子的无限哀戚，表达对逝者对先人的敬意。还要表现道德、礼制、文化的连续性、坚韧性与规范性，要将孝德表达在隆重的丧葬礼上。隆重的丧葬，包含着孝亲、礼敬、哀戚、畏惧、惭愧、自责、担当与使命意识，内容丰富，含义重大。"王蒙谆谆劝导："活人把心思集中于如何活、活得更好更有意义，还要避免面对死亡时有什么懊悔冤枉空虚，视道德精神为终极眷注，为了仁爱与义理，需要做好每一个细节。"世界著名数学家丘成桐在自传《我的几何人生》里，这样写父亲的葬礼："守夜前朝，依据习俗，我们素服披麻，围成一圈跪在父亲的遗像前，旁边堆满鲜花。前来祭奠的人，都上前三鞠躬，而我们也以三鞠躬回礼，这是劳累但感动人心的仪式。"儒家始终是倡导"以孝治国"的，这在《周礼》《礼记》等典籍中，不乏这样的记述，这是中国文化传统里的一种规定性，是每一个中国人都应当遵从的生命规则，并不是那个践踏文化传统时代下的所谓"糟粕"。在王蒙看来，传统文化里的道理是要继承的；不能误读误解，也不可以随意地曲解。对人一生的尊重，从生到死，是一个完整的过程。人类的历史也是一个过程，对生命的认识了解也是渐进的。比如在没有所谓科学的时候，人们对有些现象还不知道如何去解释，一个活人，谈笑风生，忽然就寂灭了，他去哪里了呢？有人说变成了鬼。鬼神是人们对科学还不能解释的时候的一个设想。现代科学知识告诉我们，一切发展变化都是在自然规律之下受到限制的，也就不会存在鬼神那般的幻境。但是，情感的思量是另一个方面的事了。王蒙对那种利用丧葬搞鬼神迷信、邪教般的术士方士炼丹求寿等行为，则嗤之以鼻。

天地人生，天之下，地之上，人是绝对的主体，这个主体的活动就是人生。每个人的人生，都可以有自己的方式和姿态活出精彩来。2023 年 4 月 2 日下午 4 点半，"人民艺术家"王蒙携新书《天地人生：中华传统文化十章》做客抖音"东方甄选"直播间，与新东方创始人俞敏洪、东方甄选主播董宇辉展

2023 年 6 月 13 日，王蒙与王干在青岛中国海洋大学作家楼对话。

开对话，和读者朋友一起寻找藏在传统文化里的人生智慧，开启了一场轻松有趣的文化治愈之旅。从《青春万岁》开启王蒙的文学生涯，他的《天地人生》就一直演绎蓬勃的生机，一直保持冲刺的姿态，在文学包括小说、诗歌、散文随笔等各个领域纵横驰骋，就连文学评论他也风生水起。即便七八十岁的时候，他的作品照样登上文学的排行榜，马上就是九十的人了，他还是保持着青春的姿态，让自己的创作一往无前地进取，永远进取。

在读者的心中，王蒙是一座高山、一条大河、一片森林，还有他青春般的生机。他充满着爱，他深爱他曾经的和现在的、将来的一切。2023 年 4 月，王蒙来到了江苏泰州，是参加"王干书屋"揭牌仪式。泰州人杰地灵，历代名贤辈出。《水浒传》作者施耐庵、扬州八怪的代表人物郑板桥、现代著名京剧艺术大师梅兰芳等是泰州历史文化名人的杰出代表。当天下午，王蒙为泰州各界人士作"唐诗随想"的主题讲座。在讲座上，王蒙率真地表达出自己对唐代诗人李商隐的喜欢。有评论者认为：真正构成 1989 年以后王蒙灵魂深处的人格镜像的，应该是《红楼梦》和李商隐，尤其是李商隐。1990 年 3 月开始一直延续至今，王蒙一是发表大量的关于李商隐的论文和学术随笔，二是在自己的讲座中经常涉及李商隐的话题或专门对某一首诗进行深入地剖析。这很简单，通过搜索我们不仅能从《王蒙文集》中找到他对李商隐的专论，同时我们也能从他的演讲、参加会议的研讨等，看到他对这位唐代诗人的推崇与对其诗意的理解。有趣的是，王蒙自己在自传里曾表示，1991 年春天，"细雨濛濛之中，乍暖还寒时候，我的精神一下子全都集中到李商隐身上了。"这样的契合，从性灵的象征来说，多少和李商隐所体现出的那种纯属主观的生命体验的表现是有某种联系的。王蒙还是中国李商隐研究会的名誉会长。这十年来，王蒙依旧在与李商隐进行着跨越时空的对话，依旧是那份情那份爱。2016 年 10 月 30 日，他专程赴青岛，出席中国海洋大学中国李商隐研究会第九届年会暨唐代文学学术研讨会。"天意怜幽草，人间重晚晴。"诗人李商隐在登高览眺之际，刹那间别有会心的感受融入了对晚晴景物的描写中，情与境谐，自然浑成。李商隐是晚唐时期的重要代表人物。金代文学家元好问就曾这样评价李商隐："诗家总爱西昆好，独恨无人作郑笺。"

晚唐时期的诗歌界存在着一种现象是艳诗呈现出强劲的势头。艳诗，在六朝时期就流行开了。但初唐、盛唐、中唐时的艳诗仍然存在，但没有什么地位可言，主流还是以"言志"为主题的抒怀诗、山水诗、咏物诗等。李商隐却是能把写男女情爱的诗转化成托言香草美人而表达恩怨离合的抒怀诗的高手，从而奠定他在文学史上的地位。"相见时难别亦难，东风无力百花残。春蚕到死丝方尽，蜡炬成灰泪始干。晓镜但愁云鬓改，夜吟应觉月光寒。蓬山此去无多路，青鸟殷勤为探看。"

这首《无题》是李商隐的代表作，解释成相思，是最容易的，其含义扑朔迷离，历代解读各样，所以经久不衰。而王蒙却说："最打动我的并不是'沧海月明'与'蓝田日暖'，不是'春蚕到死'与'蜡炬成灰'，这些可能是太熟了。当然，我认定这些是艺术的极致，是一种极度诗化情化的诗。古今中外，写同样的情感，已经无法超越这样的句子了。"他在自传中说，他恨得要死、迷得要死的是李商隐的另外两首诗，《重过圣女祠》和《春雨》。王蒙甚至责怪自己："不该在这一年的早春涉猎他老人家的诗。"说是这么说，可王蒙真是钻了进去，照样一发不可收拾。按张中行著文说："王蒙以小说见长而评《锦瑟》，属于反串，他反串得不差。"王蒙就曾讲李商隐的《锦瑟》："锦瑟无端五十弦，一弦一柱思华年。庄生晓梦迷蝴蝶，望帝春心托杜鹃。沧海月明珠有泪，蓝田日暖玉生烟。此情可待成追忆，只是当时已惘然。"这五十六个字打乱重组，出现了情调接近但结构却不同的别样韵文作品来，非常值得人们去玩味。而著名作家宗璞在读到王蒙的重组韵文后，则用"曲"的形式将这五十六个字双重组了一曲，并声称要"淘气"一番。所以，连王蒙自己都说他的研究文章《〈锦瑟〉的野狐禅》是"带有顽童恶作剧色彩的"。他们相隔1200年，却有很多共通的意象，如"蝉""秋"等。"秋蝉意象"是联结李商隐和王蒙的最鲜明的诗意符号。例如王蒙对李商隐的"蝉"意象如此敏感，大概是由李商隐的蝉意象隐喻出来的个体命运之感，引发自己波澜壮阔的命运的共鸣，触发对于共和国知识者苍茫命运的思考。"蝴蝶"对于他们则是一个鲜明的对话对象，李商隐诗中多次出现"庄生梦蝶"典故，而在王蒙这里就曾把自己比作"蝴蝶"："我作为小说家就像一个大蝴蝶。你扣住我的头，却扣不住我的腰。你扣住腿，却抓不住翅膀。你永远不会像我一样地知道王蒙是谁。"在王蒙的心灵世界里，有着浓厚的"李商隐情结"，并且常常通过一系列意象呈现出来。不仅如此，王蒙钟情于唐诗宋词。他就曾说过，为了能够读到唐诗宋词，下辈子还要当中国人。

热爱《红楼梦》，是王蒙从小小的年纪就开始的，伴着他的青春岁月、苦乐年华。直到他离开文化部工作岗位的那一天起，王蒙就坚定地认为："到了我谈《红楼梦》的时候了。"古往今来，读《红楼梦》的人数不清，也不需要任何的专家去探讨这个数据，因为《红楼梦》的价值是放在那儿不用去说三道四的。研究考证《红楼梦》并以此为学问而当作一个志业的人和他们的成果，数不胜数、汗牛充栋。"我缺乏这方面的学问，"王蒙说，"我要做的是一种与书本的互相发现互相证明互相补充互相延伸与解析。就是说我要从生活中人生中发现红楼气象，红楼悲剧，红楼悖论，红楼命运，红楼慨叹，红楼深情。同时我要发现红楼中的人生意味，人生艰难，人生百色，人生遗憾，人生超越，人生的无常与有定。我要用我的许多亲友伙伴的人生体味来证明红楼的真实、深刻、生动、丰赡、难解难分、难忘难舍、难明难觅。我要用红楼的情节与描写来证明人生的酸甜苦辣，人生的短暂空无，却又是真实痛切，感人至深，永远珍惜，永远爱恋，回味无穷。我还要通过红楼和自己的通融追求一种永恒与普遍，欣欣向荣与生老病死，大千世界与拳拳此心。"

2013 年 10 月 17 日，王蒙来到河北，给河北青年作家读书班专门讲"《红楼梦》的几个案例"，这个时间离他与单三娅女士结婚才过去半个月的时间，应该是新婚后的第一次离京出行，也该是在这对新婚夫妇的蜜月中呢。人世间，许多事情往往是冥冥之中的。人们不用去谈论王蒙的演讲内容、演讲语调、演讲风格以及将要产生的什么影响、如何深远等等，这样的时间节点和"自己的通融"是否有一种令人神往的意象？是不是也是他对自己数年前讲到自己评《红楼梦》的初衷达成的一种共谋。新婚蜜月里的王蒙又专门讲"《红楼梦》的几个案例"，特别是他还不辞辛劳地与单三娅一起对谈《红楼梦》，过后让人将这样的真实案例联系起来看，这才是真正的文学与现实的符号重组、文学与个人的魅力叠加。多少年来，说不尽的《红楼梦》，一个人有一个人的读法、讲法、看法，王蒙说他只是一家，2020 年他精心打造 80 回《红楼梦》视频，用文学大师的眼光，用新媒体的方式倾情奉献，以一个老顽童的精彩演绎，按章回细细地解读，让没有读过原著的人、让没有完全读懂原著的人也能看懂听懂。他分析大观园中的人情世故，剖析大观园中的战略战术，思考古为今用的人生智慧，从此岸幻境到彼岸人间，从人物、情爱、隐喻、诗词、人生、人情、跨界，把读者领进最美的"红楼世界"，以获得自己想要的和自己想看的。对于《红楼梦》，王蒙无限地钟爱，像一坛醇厚的老酒随着时间的流逝而愈加地强烈，他更是用自己增长的人生来度量这部伟大的作品，总是在用自己的方式进行创新的解读，以给读者带来不断更新的享受。这十年中，我们除了看到他有关《红楼梦》的系列读本外，还有电子读物辅以深化理解。2019 年 1 月，在首都北京的老国展，他的新书《王蒙陪读〈红楼梦〉》举行首发式。这个温暖的书名，给那些爱"红楼"的人在寒冷的冬日里，仿佛吹进了一股暖流。一不留神，王蒙居然到了沪上，还给人家开讲"《红楼梦》里的石头"，津津乐道地把《红楼梦》掰开来揉成团说。王蒙在鲁院讲红楼，是对着那些会写擅写人间故事的一帮人说的，又该是怎样的《红楼梦》呢？说不尽的《红楼梦》，也说不尽王蒙说"红楼"。

2016 年 12 月 26 日，王蒙一大早就在有关人员的陪同下出了家门。9 点准时来到北京大学录制"说不完的《红楼梦》"。王蒙不仅为读者奉献了纸质的关于《红楼梦》的评析著作，而且他将自己对中华文化经典的传承所做的工作用影像的形式存续起来，一方面适应受众的需求，另一方面也为传统的现代化做着自己的努力，从一定的意义上来讲，也是功德无量的。做完这项工作，回到家后，他好想就此沐手，因为，这一年中剩余的几天，就没有什么内容载入他的工作日程里。说完了"说不完的《红楼梦》"，似乎是他这一年中最完满的句号，只需要在对《红楼梦》的回响中静静地等待新年的钟声再响。我们应当像王蒙那样读《红楼梦》，为经典永流传做点有意义的事。

2016 年 6 月 13 日，王蒙在南京开题为永远的阅读，永远的经典讲座上，鲜明地提出：阅读无可替代，经典无可替代。我们要读书，但是要读什么样的书？王蒙说，要读那些经过时间的考验，经过传播的考验，已经被肯定的有意义和有价值的书。我们还说要读经典，经典又表示什么呢？我们今天追求经典，就为了提高品质、思想能力，提高精神境界和素质。在阅读经典中，让我们更加努力地接近孔子、孟子、庄子、屈原、苏轼、曹雪芹等，这些中国思想和文学星空中最为灿烂的星宿，让他们的星光照亮我们前行的道路。近些年来，王蒙对中国传统文化的着力点还分给了他一生热爱的孔孟老庄、诸子百家，这是深入他心髓的文化根，从小发蒙就开始拜读了，一辈子与他们相识相知相爱相辅相成。2017 年 1 月，他收到了中国国家图书馆的聘书，邀请他担任《中华传统文化百部经典》的顾问。以他几十年的功力，当顾问不仅盛名相当，而且他能够力行践履。他不满足于顾而不问或少问、问一问，问题是他要把自己对这些经典的阅读理解、分析和发扬，要落实到位，拿出真东西奉献给读者，也敬孝于先哲。40 天后，他带着自己的成果《得民心　得天下：王蒙说〈孟子〉》一书，来到北京市海淀图书城，进行新书发布。此前，王蒙已出版了《老子的帮助》《老子十八讲》《庄子的享受》《庄子的快活》《庄子的奔腾　与庄共舞》《天下归仁》等系列作品。诸子百家，蔚为大观，王蒙不会也来不及面面俱到。有的接近得早，有的接近得晚，但不管早晚对于他自己喜欢的，他总是要去精研细磨的。2021 年 1 月 9 日，他借助新华网的客户端，刊载《王蒙：读荀恨晚》。

2017 年 4 月，他还专程到孟子的家乡山东邹城，出席孟子故乡（邹城）母亲文化节。孟子的母亲克勤克俭，含辛茹苦，坚守志节，历史上受到普遍尊崇，位居"贤良三母"之首。黎民百姓传颂着她的故事，文人学士为其立传作赞，达官显贵、孟氏后裔为其树碑修祠。像"孟母三迁""买肉啖子""断机教子"等脍炙人口的故事，至今对教育孩子都具有启迪价值。"昔孟母，择邻处。子不学，断机杼。"孟子也被称为"亚圣"，他在思想文化等方面取得的成就，得益于孟母教子有方、教子向学、教子崇礼。后人把孟母与"精忠报国"岳飞的母亲岳母、三国时期徐庶的母亲徐母，号称"贤良三母"，是中国母亲的典范。王蒙对于母亲，就曾表示："母亲好。母亲多半是为孩子们服务。"并写道："一次我吃面条，我说太咸了，不吃，母亲就放醋，醋又放多了，更不好吃了，我哭了起来，母亲的表情像犯了大错误一样，一再向我道歉。这个事我长大后后悔莫名。"母亲给予王蒙的，总是慈祥和温暖的。他走进孟子故里，移步于"母教文化发源地"的每一处历史遗存,时刻感受到儒家文化的深厚氛围,特别是对孟子思想的丰富内涵有了更深厚的崇奉。孟子思想政治的核心要义是"仁政",他主张法先王、行仁政。推崇孔子继承并发展孔子的"仁学"思想,但孟子又加入自己对儒术的理解。前后二十多年,孟子游历于齐、宋、魏、鲁等,希望效法孔子并推行自己的政治主张。他主张仁政,提出了"民贵君轻"的民本思想,其基本精神就是对人民有深切的同情和爱心。所以,王蒙这位曾经的共和国文化部长,服务人民,谙熟政务,他研读孟子思想的集中体悟,就在他的书名"得民心,得天下"。

对传统文化的占有首先要从阅读经典开始,因为人类的文化、智慧和创造集中保存于经典书本中。王蒙历来主张,读书要有自己的理解、见解、见识,要有选择和分辨的能力,使阅读成为智慧增长的过程,而不是一个填鸭的过程,不是收集垃圾的过程。孔子曰,学而不思则罔,思而不学则殆。

2017 年 8 月,盛夏的广州,花团锦簇,宽阔的街市和富有岭南风格的骑楼交相辉映。这是一个美丽的地方,一座让人流连忘返的城市。王蒙应花城出版社、《花城》杂志社邀请,出席第六届花城文学奖颁奖仪式,《这边风景》获第六届花城文学奖特殊贡献奖。对于王蒙来说,他一生中获奖无数,宠辱不惊。获得奖项,就是对他的创作劳动给予的褒扬,也说明自己的作品深得大家的肯定,固然可喜可贺,但是他最愿意的还是和大家畅谈分享读书的喜悦，从前人的思辨中获得帮助，这样一起从快乐中获取更加广泛的思考。于是，他在颁奖的现场，一手拿奖杯，一手拿讲稿，作了题为《从阅读传统文化中获取智慧》的讲座。这也可能是他这些年来，盘桓在中国传统文化经典中的动力之源，历久弥新。

王蒙借庄子说人生哲学与处世之道，以达成以庄解王，以王解庄的目的。在与 2500 年前的庄子对话时，王蒙是用自己的人生历练和体悟感受，结合自己的政治经历、人生阅历、社会经验以及文学创作的履历，也调动自己的知识与智商与庄子进行对话，并在与庄生共舞的状态下，认真揣摩并越来越逼近庄生的意图、意念、雄辩与才华等，交相辉映，不是"我注六经"，而是"六经注我"，这样去咀嚼出庄子的思想精深之妙，对现实中人之集合的"我"，给予启迪和营养。经典不好读，王蒙告诫人们，对有的书要像打仗一样去"攻读"：读经典，一个字念错、一处理解错误，就好比你受伤了，被子弹打中流了点血，但不至于要付出失去生命的代价，所以是攻读。例如《庄子》，光不认识的字就很多。范增说过，他统计了一下有 200 多个字不认识。王蒙说得更谦虚，估计至少 300 多个字不认识。他还客观地说到自己尽管写了 5 本关于庄子的书，写的时候通过学习、查辞典查找字词的来源，过了 3 年，一半又忘记了。当然，这是王蒙讲到读经典之难。但是，王蒙之于庄子有着特别的偏爱，这不仅在于他对庄子思想的领悟与解读上，关键是解读《庄子》成了他生活中的一大快乐，是绝妙的思辨的精神享受。庄子有何道理？庄子有何悖论？庄子是如何享受生活的？等等，这些问题王蒙都给予了个性化的解读。他说过，庄子十分神奇，但其实他的想象也脱离不开现实生活。他曾对记者们举例说，"虚实生白"，空屋子最亮。这讽喻一个塞满了成见偏见、精神垃圾、情感病毒的人，只能是阴暗混乱、难以成事的人。他还举例说，一个保护洗衣妇皮肤的药品，被精明的商人购去知识产权，成为吴王的军用物资，取得了江南水战的胜利，商人成功，裂土封侯。这应该是春秋战国时期唯一的对知识产权的关注，而这个故事竟然来自"南华真人"庄周。当然，故事也来自庄子的贡献。在《庄子》中，这样的故事很多，而王蒙对于这些故事的把握是入心入脑的，而且在日常生活状态下，在与你的聊天中或餐叙前，在正式的讲演间或是课堂上，他是能够结合自身、结合家庭、结合社会、结合自然界、结合宇宙间，进行有机的并富有意义的转述，让人领略到什么叫功到垂成的境界。是啊，九十年的人生，经历过的人事、磨难、欢乐与痛苦、光荣与梦想，就不是一般人所能企及的。所以，《王蒙自述》里说："某虽不才，敢引庄为同道，敢不在庄前一味自惭形秽、匍匐随从，而是平视庄周，与之拥抱握手，与之交谈辩论，与之对话，与之共遨游同欢笑，与之翩翩起舞。"在诸子中，王蒙特别钟爱老庄。按照哲学家冯友兰的划分法，道家有三个阶段，老子是第二个阶段，并认为老子的《道德经》是中国历史上第一部哲学著作；庄子则是第三个阶段，他的一些解人颐的故事，所含的思想都是获得幸福的方法。冯友兰直言道家的精髓可以从这首诗中得到：结庐在人境，而无车马喧。问君何能尔，心远地自偏。采菊东篱下，悠然见南山。山气日夕佳，飞鸟相与还。此中有真意，欲辨已忘言。陶潜的诗意不正好也说明王蒙倾注在老庄上的精力，正是他以文学家、作家、诗人的情怀读出了老庄思想中对精神自由运动的赞美和对于自然的理想化。王蒙参悟到道家超越天人的妙道，同时也把自己照应进去了。王蒙在他早期的中篇小说

2023 年 4 月 23 日，王蒙著《天地人生：中华传统文化十章》获得"2022年度中国好书"，图为王蒙（中）、葛亮（右）和主持人李潘（左）在全民阅读大会"中国好书"颁奖现场交流

《蝴蝶》中关于自我的迷失与寻找，既带有老庄意味，又以现代性反思超越了老庄。

近年来，王蒙结缘江苏凤凰出版集团，凤凰也因为与王蒙的结缘而不断地向市场推出其新作。既有文艺社为王蒙出版的小说、散文等，也有凤凰旗下的江苏人民出版社为王蒙出版的《天地人生：中华传统文化十章》，"探寻中华根脉　赋能当代生活"，这本书一举获得"2022年度中国好书"。2023年6月，在王蒙即将迎来九十华诞的日子里，江苏人民出版社与王蒙再度合作，隆重推出《王蒙解读传统文化经典系列》共十二本。同年8月26日，首都北京夏日明媚，传统意义上暑假中最后

2023年8月26日，《王蒙解读传统文化经典系列》新书发布会暨出版座谈会在国家图书馆举行，王蒙在会上发言

一个周六的下午，国家图书馆和以往任何一个周末一样，依旧是有那些热爱书籍的人来到这里读书阅览。馆内的绿厅布置一新，简约朴实，在书籍的装点下又不失厚重。江苏凤凰出版集团邀请各界人士在这里举行了新书发布会暨出版座谈会，90岁的王蒙到会致谢。评论家王干在现场看着对面矍铄的王蒙，听着主办方的详细介绍，浏览过现场会的陈列，则不无激动地发表评价：皇皇巨著，巍峨人生。

这个系列是王蒙数年来解读《论语》《孟子》《荀子》《老子》《庄子》《列子》《红楼梦》等古代传统典籍的系列图书合集。王蒙以深厚的传统文化素养和宏阔的世界文化眼光，对古代典籍进行独特阐发和深入开掘，让古代典籍以生动亲切的面貌呈现在读者面前，让大家都能体会到孔子的亲和准确、孟子的雄辩分明、老子的惊天辩证、庄子的才华横溢、荀子的见多识广、列子的丰盈奥妙，以及《红楼梦》的取之不尽。出版社高度评价说，王蒙以丰富的人生阅历以及对中华文化之精研深钻为基础，他对传统典籍的解读入乎其内、出乎其外，联系生活实际，联系历史沧桑，联系人生经验，纵横捭阖、谈古论今，打通古今生活源流和经验教训，将"六经注我"的方法发挥到极致。他的解读，体味精深、论述精辟，观点犀利、评点直率，深入浅出，有个性、有温度。他的语言，开阔雄辩、汪洋恣肆，既有书面语的文气，又有市井生活的烟火气。这个系列能给人中华优秀传统文化的滋养，带给人美的享受、哲学的启迪，同时让人在对现实的观照中拓展人生的边界。此外，对古今生活之关系的探讨，对中国古代优秀传统文化的深入发掘，对今日人生、社会之建议和指导，都体现了鲜明的现实情怀，体现了清醒的价值判断和坚定的文化自信，体现了王蒙作为一个大作家、大学者的文化情怀和使命担当。这个系列的出版，是王蒙将最近这二十来年对自己有关中国传统文化研读和阐释的一次集中巡礼和点验，也可以说是他一个阶段性成果的呈现。十二本的皇皇巨制，字里行间都渗透着王蒙这位文化巨擘的心路历程，凝练了一个鲐背老人对经典的心心念念和字斟句酌。王蒙在 2019 年的夏天，在数个场合以"道通为一"为题反复阐释庄子的思想。按照冯友兰的分法，庄子是道家的第三个阶段，他的思想又算得上这个阶段的最高峰，庄子是先秦最大的道家。在庄子的哲学中，"齐物"思想的正式展开始于一段"指"和"马"的讨论："以指喻指之非指，不若以非指喻指之非指也。以马喻马之非马，不若以非马喻马之非马也。天地，一指也；万物，一马也。"但"天地一指""万物一马"的思想仍然偏向于在思想上去理解万物之齐。庄子哲学中的"齐物"最终是要指向有分别的事物之间的"通为一"："惟达者知通为一，为是不用而寓诸庸。庸也者，用也；用也者，通也；通也者，得也。适得而几矣。"从自我的主体来看，"我"之外的所有事物都是"非我"。"我"与"非我"的界定是在"我"和"非我"并起的对峙中出现的。正如之前言及的"指"与"非

指"、"马"与"非
马"的关系，"我"
与万物本质上也是
"通为一"的。所以
说"天地与我并生，
而万物与我为一"。
对此，不妨通过如
下资料，仔细地辨
识构成这一系列的

《王蒙解读传统文化经典系列》书影

十二本书的要义，我们一起感悟王蒙对传统经典的态度以及他
与责任编辑、主题策划等出版工作者之间的呕心沥血和精彩的
价值认同。

一、《天下归仁：〈论语〉解读》：本书是王蒙对论语的逐句
精读与阐释，在解释语义之外，加上了作者本人对文本的独特
理解，联系生活与理论，融会贯通，生动深刻。王蒙对于如何
发掘与利用好中国古代优秀传统文化、古代文化与今日生活之
关系等等问题，展开深刻思考，并提出了极富实践意义的建议
和倡导。一书在手，探入《论语》的大门，跟着王蒙一起汲取
中华经典的宝贵营养。

王蒙金句：

有人说，从鸦片战争以来，中华传统文化屡遭挫折、批判和
嘲笑，因此我们的传统文化很悲惨，甚至有些中国人已经忘掉了

自己的传统文化。我认为言过其实了，事实情况并非如此。班固在《汉书·艺文志》里面就引用了孔子的话："礼失而求诸野"。由于东周的动乱与分裂，孔子说，表面上看周礼已经不存在了，已经失落了很多，但是周礼在四野的老百姓当中并没有流失。也就是说，在广大的老百姓当中，仍然还保留着古道热肠、仁义道德等古老而美好的人际关系文明。中华民族就是这样的，几千年的传统文化，不是说批判一下、骂一下、叹息一下就没了，它不会的。

二、《得民心　得天下：〈孟子〉解读》：本书是王蒙与孟子的一场隔空对话，他们围绕"得民心　得天下"这一主题展开交锋。其中，你找不到对亚圣孟轲的崇拜，也不会见到对古人孟子的攻击，通篇可见的是王蒙基于丰厚的人生阅历、今时的时代问题进行的读、解、思。王蒙不是孤立地解读孟子，他将孔子、老庄一并引进来参详孟子的思想，观点犀利，以王蒙的幽默和直率，评点孟子的大义、大我和大道。字里行间，一幅立体的孟子思想肖像生动呈现。

王蒙金句：

人总是要有所不为的，然后才可能有所作为。

道德底线，与其说是一种逻辑、一种判断、一种利益选择，不如说是一种情感，一种天生的、先验的良心感受……

你先立志于"天爵"即自身的德智魂境界的修养提升，其他俗事只能是随之而来，不能是孜孜以求。

三、《治国平天下：〈荀子〉解读》：王蒙立足于《荀子》原典三十二章，纵横捭阖、谈古论今，深入浅出地解读荀子的立身之道、处世之道和天下之道，既有直抒胸臆的畅快淋漓，又有幽默风趣的另辟蹊径。治国平天下，是王蒙读荀子的立意高度，大格局、大气派、大通达、大自信的大儒荀子既能漂亮地讲儒道，更能无难于、无惊于解释与把握政治实践的种种变通与突破。时至今日，于现实人生和未来展望，荀子的真知灼见在穿越两千多年的时空后依然熠熠生辉，彰显了中华优秀传统文化坚韧蓬勃、历久弥新的生命力量。

王蒙金句：

荀子确实有一种正气，正经劲，邪的绝的、神乎其神的，一概要叫停。

无论有怎样的嘲儒拒儒的力量，也阻挡不住、扼杀不了入情入理、亲和顺遂的儒学文化生命力与政治美善吸引力。

荀子既能漂亮地讲儒道，更能无难于、无惊于解释与把握政治实践的种种变通与突破。

四、《老子的帮助：〈老子〉解读》：王蒙在吸收了诸多注家成果的基础上，用自己的语言对《老子》进行解读，重在表"意"，深入浅出地呈现了《老子》的整体效果。有趣的是，王蒙用自身的历史体验、社会体验、政治经验、文学经验、思考历程为老子的学说提供"证词"，以"六经注我"的写作方式，用自身的亲见、亲闻、亲历与认真地推敲思忖为老子的理论提供一个当代中国人的人证、见证、事证、论证以及反证，读来有一种身临其境的感觉，是移动互联网时代社会、政府和个人，做事、做人的导航地图。

王蒙金句：

人的伟大与否，在于你对道的体悟的深浅多少远近。

大道保有着一切，引导着一切，启发教育着一切，包括不善者。

人随着自己的成熟与长进，需要做减法的越来越多：要减少偏见，减少思维定式，减少夜郎自大……

五、《老子的智慧：〈老子〉十八讲》：在这本书中，王蒙用他的经历、经验、思想、知识、观念来解读老子，探讨老子的哪些观点对今人是有帮助的，哪些是需要调整的。王蒙基于几十年的人生经验，把老子抽象的哲学道理讲得清楚明白，易为常人接受。通过王蒙的解读，你可以体会到老子倡导的天地不仁、宠辱不惊、上善若水、不争故莫能与之争、无为、治大国若烹小鲜等思想，对人生的理解也会从容起来，如同获得了助力行走人间的明灯。

王蒙金句：

我们寻找到这样一个理念，这个理念高于一切、涵盖一切、包括一切，有了这个理念你就好像有了一座大山作依靠一样。

一般的人容易拿自己作参照，要拿自己作参照，他就很容易不满足、很容易生气，他就很容易看不清、看不明白这个事。

但是如果拿"道"作参照，情况就会有非常大的不同，就容易把一些事看得开、看得透、解得开。

有了对于道的体悟，一切都有了定力，都有了定见，都不慌不忙了。一切都是有规律的，是有法则的，一切都在转化，一切都有希望，也都不必奢望。

六、《庄子的享受：〈庄子·内篇〉解读》：《庄子·内篇》是庄子文本之精华，王蒙提炼出"享受"二字，以其独特的视角进行解读与阐释，以其特有的语言风格与庄子相呼应。《庄子·内篇》共七篇，分别是《逍遥游》《齐物论》《养生主》《人世间》《德充符》《大宗师》《应帝王》，每篇对应的是庄子不同的哲学观，但是有一个共同的、总的宗旨，就是对生命意义、精神境界的追求。王蒙的解读，既立足于文本，又结合了其人生体验和现实生活；既有哲学的高度，又有文学的语言。王蒙借题发挥，借庄谈人生谈生存环境，借庄谈哲学谈思想方法，借庄谈文学文字，借庄与读者聊天自娱自慰。王蒙以作家的灵活性，旁征博引、诙谐幽默、思维跳跃，兼具文学性和哲理性；又如庄子说理一般，深入浅出，见解深刻独到。

王蒙金句：

它享受的是浩瀚的海洋，是巡天的飞翔，是对于自身的突破，是灵魂突破肉身，是生命充溢宇宙，是思想突破实在，是无穷突破有限，是想象、扩展、尊严与力量突破人微言轻，身贱草芥，命薄如纸，被世俗看得扁扁的不可承受之轻。

我希望我的《庄子的享受》对于《庄子》不是佛头着粪，而是差堪比翼，我的幻梦是落霞与孤鹜齐飞，秋水共长天一色，思辨直奔骑牛李耳，忽悠差及化蝶庄周！

享受庄子，首先就是享受这个关于逍遥的思维与幻想体系的别具风姿。

七、《庄子的快活：〈庄子·外篇〉解读》：古今中外，如果有人能回答"何为快活"这个问题，庄子必属其一。不同于《庄子·内篇》的严谨纯正，《庄子·外篇》十五章或观点奇峻，或情感恣意，或想象力丰沛，读来令人耳目一新又深深折服于这一奇才之妙论。

庄子快活，也得有人懂他的快活。作家王蒙以"快活"为题，写就本书，深度解读《庄子·外篇》。本书在结构上主要分三部分：一部分是《庄子》原文，另一部分是作者王蒙的现代汉语转述，再有是王蒙的读后感、借题发挥、质疑与切磋。不是"翻译"而是"转述"，不是一味地庄子说什么就是什么，而是提出自己的想法、疑问甚至与庄子"抬杠"。王蒙以老者的生活阅历、以艺术家的情怀、以文学家的笔触，解读出一个活生生的庄子，也在解读中展现出中国传统文化之美。

王蒙金句：

庄子的辩才，庄子的花言巧语，庄子的从来不会理屈词穷，就更令人快活了。

华丽无奈，无奈的辉煌，庄兄啊，你当真是繁花似锦，璀璨如星，处乎无响，行乎无方……

八、《庄子的奔腾：〈庄子·杂篇〉解读》：是著名作家王蒙对《庄子·杂篇》的解读与阐释。在本书中，王蒙用自己的人生历练，用自己的体悟感受，与庄生对话，与庄生共舞，揣摩逼近庄生的意念、雄辩与才华。他以文学家妙笔生花的语言和丰富充沛的想象力，直抵庄子思想的精深之处，古今中外信手拈来，汪洋恣肆，纵横捭阖，带给人以美的享受、哲学的启迪以及对人生的思考。

王蒙金句：

《庄子》在杂篇《外物》中提出"得鱼而忘筌，得兔而忘蹄，得意而忘言"的著名命题。我能够做的不是继续扩展筌、蹄、言的资讯，在堆积如山的庄学疏解上再加量加高，而是用自己的人生历练，用自己的体悟感受，用自己的政治经历、社会经历、人生经历、文学经历，也用自己的知识与智商去与庄生对话，与庄生共舞，揣摩逼近庄生的鱼、兔、意图、意念、雄辩与才华。

九、《与庄共舞：人生的自救之道》：是王蒙与两千五百多年前的庄子的对话，是王蒙作为一个小说人对还原一个充满活力、灵气的生活化的庄子所进行的尝试。字里行间，现代人的生活与庄子的时代相互碰撞，现代人的困惑与智者的哲思相互交织，王蒙通过极为灵动的现代语言带领读者领略庄子思想的深邃博大、想象的汪洋恣肆与文字的智慧洒脱。全书共十四讲，另有《庄子救赎灵魂五法》一篇，能有效帮助读者减少与古代典籍、智者的距离，在对现实的观照中拓展人生的边界。

王蒙金句：

让读者感受到人类的身躯可以是渺小的，但精神一定要是宏大的。精神一宏大，眼前的一些麻烦困惑，就显得不足挂齿了。

庄子的泛化的与高雅的阿Q精神，上升到了哲学、学理、智慧、终极——神学化、宗教化、文学化及艺术化的程度。

真正与天地、大道相通之人，是不需要等待任何主客观条件的，是可以自己掌握自己命运的。

十、《御风而行：〈列子〉解读》：列子是道家代表人物之一，王蒙称他为"道家言辞精辟的段子手，具有民间风趣的故事大匠，中华奇思锦绣的编织人"。《列子》是道家思想的一部奇伟之作，其想象力惊心动魄，其民间性、趣味性、可读性、突破性、超越性与猎奇性无与伦比。《列子》善讲寓言故事，很多寓言故事家喻户晓、耳熟能详，两小儿辩日、杞人忧天、愚公移山等更是入选部编版语文教材，其寓言将说理与叙事融为一体，语工句琢而意味深长。王蒙读《列子》，先是阐发故事大意，然后展开评析，联系生活实践，联系历史沧桑，联系现代世界与人类命运共同体，联系自己的生活经验、政治经验、读书经验与文学经验，作出独出心裁的发挥，将奇妙与深刻巧做平衡，谋古今中外之对接，恣小说家之意态，求得读列的收获的最大化与最优化。

王蒙金句：

列子要的是不知不识、不专不业、不思不惧、不怵不忧，自然而然，成别人之不成，就他人之不就。

既然你认为最高境界是飞如不飞，乘如不乘，风吹我如我吹风，那么御风而行而飞，恰如不行未飞。

半仙之体的旅行家周穆王的故事，即使李商隐的《瑶池》对之语含讽刺，仍然冲刷不了它的美丽情貌。至于随后的梦境幻境化境等奇闻高论，更是前无古人，后无来者。亦文亦哲，亦神仙亦忽悠，亦俗亦雅，亦庄亦谐。读多了似有不经，不读，又未免白识了方块中国字，白当了自信的中国识字人。

十一、《〈红楼梦〉启示录》：是王蒙读《红楼梦》之感悟合集。王蒙读了一辈子《红楼梦》，痴迷其中，常读常新。他是作家、是学者，更从过政，对理解《红楼梦》的写作境界和艺术匠心、人性内涵具有独特的优势。他把《红楼梦》当作一部活书来读，当作活人来评，当作真实事件来分析，当作经验学问来思索。他以自己丰富的人生经验理解《红楼梦》，以其标志性的开阔雄辩、汪洋恣肆的文字，表达了对《红楼梦》广大精湛的思想性艺术性及社会、历史、文化内涵的独特理解，发现了爱情、政治、人际关系、天理人欲的诸多秘密，更从一名作家的角度探讨了另一名作家曹雪芹在创作《红楼梦》时的写作方式、写作心理，以及写作中的种种想法和做法、成功和失误，堪称曹雪芹的异代知己、《红楼梦》的解味之人。

王蒙金句：

《红楼梦》对于我这个读者，是唯一的一部永远读不完、永远可以读、从哪里翻开书页读都可以的书。同样，当然是一部读后想不完、回味不完、评不完的书。

我觉着《红楼梦》里头呢，还有一个特殊的辛酸，它是一种价值的失落。就是说问题不在于个体的生命有终结的那一天，有死亡的那一天，问题是只要你的生活有一个追求有一个价值，那么就是说你要考虑的是你有生之年，活得是有意义的，是有价值的。

十二、《中华玄机》：是王蒙近些年谈传统文化的文章与讲话记录的集合。虽谈"玄机"却不故弄玄虚，而是基于传统文化在我们日常生活中的自然涌动，深入浅出地多角度解析中国人的思维方式与生活智慧，进而探讨中华文化之根、之魂。全书分"魂魄""天下""世道""人心""个性"五部分，另附《我要与你讲传统》一篇。

王蒙金句：

中华玄机，是谈我们的生活与头脑中的传统文化，谈我们与众不同的文化的可敬、可叹、可咀嚼与可珍惜；实际上仍然是谈你我他的日常生活，更谈我们的思路、我们的风度、我们的气派、我们的歧义。

文化的中心是人，是生活，是现实的求福与免祸，是世道与人心，是品质与能力，更是实用与功效。

著名学者、作家宗璞说，王蒙评红楼"确有新意，是以前研究者没有写出，读者没有想到，或可说曹雪芹也没有意识到的。王蒙挖掘出来，给予细致地分析，并注入新的内容。其思想和笔调一样，汪洋恣肆，奔腾纸上"。

这个经典系列的编辑们则给予了各自的评价：

"'耄耋少年'读经典，思路活泼，坦诚幽默，赤心书写的阅读感受，九十年人生经验无私共享。"

"打通古今四方，于历史长河中淘得孟子的大智慧；联系个人实际生活，从生命细微处品味孟子的真道理。《孟子》的解读是多样的，善哉《孟子》，甚可读也。"

"从庄子到王蒙，从古代到现今，切换自如，行云流水。貌似读庄，又似在读王蒙。上一秒还沉浸在典故，下一秒就回到了现实历史中。王蒙对庄子的解读融合了自己的人生体验和现实生活经历，以现实批判主义的口吻、文学家的语言、哲学家的思维，对庄子思想进行了现代化的阐释。"

作家贾平凹认为，王蒙先生的小说和散文中的想象力特别丰富，激情充沛，潇洒自如。他又非常感慨地说王蒙"到了谈老庄依然思维开阔，元气淋漓，如水银泻地、泉水喷涌，令我惊叹不已"。

王蒙带着大家读《论语》，跟孔子学斯文济世；读《孟子》，领略孟子的大义；读《荀子》，修立身之本，学处世之道，看天下之势；读《老子》，上天入地，洞幽烛微，看鸢飞鱼跃，触处生春；读《庄子》，沉浸于庄子的大气磅礴、天马行空，将书上的学问变成了人生享受、快活、奔腾与华彩；读《列子》，分享"段子手"列子的奇思妙构……通常的情况下，很少看到有人写列子的书，而王蒙将列子写得异常精彩。青春作赋，皓首穷经。王蒙的这个经典系列，从写作的时间来看大多完成于他 70 岁前后，经历约 20 年他得到老子的"帮助"，享受庄子的精神，不断打磨和充实完善，至今也是经过时间检验、实际检验的一套经典，被权威人士认定具有"三个高含量"的经典，即思想含量高、文化含量高、感情含量高，既给人中华优秀传统文化的滋养，同时又带给人美的享受、哲学的启迪和人生的有益指导。在这一系列的著作中，王蒙不依赖于文化学者常有的路径，而是将自己作为小说家的优势对经典进行了科学合理的转化。不是搞所谓的专家化，而是通俗化、民间化。现在我们读到的这个系列，可以看到王蒙笔下流淌出来的文字以及范式，不是例如《古典文学知识》等这类文史哲领域的杂志风格，亦不是书斋与院校中那种普遍深奥的学理性论文，依然是他自己独有的"王蒙腔调"，对高大上的经典进行接地气的诠释，是开在经典阐释百花园中的一朵奇葩，将给当代与后世提供一个可借鉴、可承继、可滋养的样本。今天从某种意义上来讲，读懂王蒙至少我们能够走近经典了。

六、爱在生活

　　漫长的人生，晨昏朝夕，不可能总是金戈铁马、激情飞扬，有时候是大气磅礴的宏大叙事，有时候也是人伦常理的细微描写。斜阳烟柳，风花雪月，稻香蛙声，台前幕后，形象本色辉映，坎坷浪漫交织，人生丰富而立体。2014 年 2 月，北京依然是春寒料峭。王蒙迈着轻盈的步履，早已置身于海南呀诺达热带雨林文化旅游区。这一次的海南之行，他是应邀前来参加两岸笔会的。连日来，他参加各种采风活动，接受媒体采访时谈锋依然如故，幽默、风趣、睿智，尽显一个文学名家的风采。人们还是注意到了，在他的身边总有一位面带微笑、气质优雅的女子陪伴。这是王蒙的夫人单三娅女士。原来这是一次颇具"新婚蜜月"般的海南之行，当然也为笔会平添了一种浪漫的色彩，也成为众多的文学记者的特别话题。面对媒体，王蒙坦诚地告诉大家：2013 年以来，他基本完成了三件与文学创作相关的事。而晚年生活有一位如意伴侣的陪伴，这是他的第四件大事。

　　从王蒙的自传第三部用了《九命七羊》作为书名后，他在

王蒙与单三娅在东天山石碑前合影

许多场合和地方都是谈到"九命七羊"这个怪名词，王蒙说："'九命'，是因为中外很多国家都有猫狗有九条命的说法。我属狗，我觉得自己的生活道路也比较宽阔。我能写新体诗旧体诗，能翻译，也会写小说；我做过文化部的工作、团的工作，当过政协委员……所以说我是够'九命'了！至于'七羊'，'羊'在古代与'祥'相通。由于我话多，祸从口出，有时也会遇到些麻烦，但是还多能遇难成祥，遇到九次麻烦起码有七次都能没事，所以叫'九命七羊'。""我感谢三娅，我仍然是九命七羊，我永远纪念着过往的 60 年、65 年、80 年，我期待着仍然奋斗着未来。"在王蒙即将步入耄耋的时刻，邂逅了小他 18 岁的著名记者单三娅后，一见钟情。由此，"著名作家王蒙与资深记者步入'黄昏恋'"以及类似这样的标题，开始出现在媒体的报道中，博取人们的眼球，也出现在人们谈论的话题中。2013年5月7日至12日，王蒙在《光明日报》著名记者单三娅陪同下到山东青岛、枣庄等地讲学、参观。这是单三娅在公众的视野下第一次陪同王蒙出行。10月1日，王蒙与单三娅在北京正式结婚。妻子单三娅也是王蒙的粉丝，两人都热爱文学，开始了琴瑟和鸣的日子。单三娅，湖南衡阳人，1952年生于河北张家口市，著名新闻专家，高级记者，历任《光明日报》编辑、记者、艺术副刊主编、文艺部副主任、新闻报道策划部主任。中国海洋大学兼职教授。30多年来，她采写发表了一系列具有重要影响的新闻稿件，特别是曾采访过钱锺书、杨绛、冯亦代、周汝昌等文化名人，引起了广泛关注。10月15日是王蒙八十大寿的日子，王蒙在《王蒙八十自述》回顾了自己80年的人生经历，反映他对生活、创作的所思所想。在这本书中，王蒙首次提到了他的"新夫人"——"美丽秀雅的单三娅女士"。王蒙在书中深情地记述：2013年对于我是重要的，这一年，怀念着也苦想着瑞芳、万念俱灰的我在友人的关心下结识了《光明日报》的资深知名记者，被称为美丽秀雅的单三娅女士，我们一见钟情，一见如故，她是我的安慰，她是我的生机的复活。我必须承认，瑞芳给了我太多的温暖与支撑，我习惯了，我只会，我也必须爱一个女人，守着一个女人，永远通连着一个这样的人。我完全没有可能独自生活下去。三娅的到来是我的救助，不可能有更理想的结局了。

王蒙曾详细描述了与妻子崔瑞芳的感情，那是珍藏在心底的美好回忆，那是感动王蒙一生的幸运和幸福。"婚宴吃自家炸酱面，'流放'新疆16年妻子相伴。"他们是1957年1月28日在北京结婚，从此王蒙建立了一个家，也给了王蒙一个儿女双全和儿孙满堂的家。最困难的日子里，只有家才是王蒙复活的理由，才有他今天的一切。2012年3月23日，妻子崔瑞芳在北京去世。对于王蒙，"这是我的天塌地陷。"因为爱得深沉、爱得无法用语言描述。

"我的一生靠对你的诉说而生活……有两个小时没有你的电话我就觉察出了艰难。你永远和我在一起……

"我们常常晚饭后一起唱歌，不管唱的是《兰花花》、《森吉德玛》、抗日、伟人、《夜来香》、《天涯歌女》，还是《满江红》与舒伯特的《故乡有老橡树》。反正它们是我们的青年时期，后来我们长大了，后来我们老了，后来你走了……

"如果允许的话，就在这时，靠了变淡了的墨水与变黄变脆的纸张的帮助，往事重新激活，往日重新出现，空白不再空白，生动永远生动，而美貌重新美貌，是你给了我这一切。"

当王蒙意识到永远失去了他相濡以沫一生的妻子时，崔瑞芳的临终清醒与坚强，永远定格在王蒙的心中。2012 年 3 月 29 日，秘书兼助手彭世团在八宝山拍下了王蒙走向灵堂的背影。这是一个别致的构图。看起来，总是让人泪目的景致。3 月的北京，乍暖还寒，王蒙孑然一人，着一身黑色的长衣，脖子上围着黑白花样的围巾，挺拔的身姿迈步向着告别厅走去，厅外上方悬挂着黑底白字"崔瑞芳活在我们心中"，黑白的影调显得气氛冷落而凝滞。此时的王蒙将向他一生相伴的妻子、他最亲爱的人崔瑞芳作最后的告别。再也不会回头与挥手，再也不出声音，再也没有叮嘱，从此阴阳两隔。写出《青春万岁》的作家、原文化部部长王蒙在读者眼里散发着"不可救药的乐观主义"，然而，他在灵柩前失声痛哭到几近瘫软。

王蒙表示："我感谢老天爷给我这部分的命运不错。瑞芳和我相处半个多世纪，用鲁迅的话说是'携手共艰危'，而瑞芳离我仙逝以后，三娅给我照顾陪伴，我很幸运，此生无所求。我也希望所有的朋友和读者都有幸福的家庭生活。"看得出，王蒙对过往日子的深切怀念，以及对崭新生活的无限向往。

这一次在夫人单三娅的陪同下来到海南，应该说王蒙是在认真地走出过往、认真地面向未来。2 月 19 日上午，王蒙被邀请来到中国最南端的高等学府琼州学院讲学。中午时分，主办方已经准备好招待，但王蒙还是婉辞，匆匆赶回 30 多公

2012年3月29日，王蒙在八宝山送别崔瑞芳。（彭世团摄）

里外的呀诺达雨林度假区，驱车上盘山公路，去与妻子共进午餐。那种笃定的神情、深情，像一个钟情的少年，令人为之动容。琴瑟在御，精神至交。是的，正在经历人生第二次爱情的王蒙总说他对自己这一生很满意。而海南，正是他可以放松心情享受人生幸福的美好地方。因电影《红色娘子军》扬名天下的万泉河，除了饱含红色基因外，还流传着一段元朝文宗皇帝的爱情传说。连日来，王蒙出席各种见面会，开讲座，录制节目，在五指山腹地的热带雨林尽情感受自然之美、歌舞艺术之美、人情之美。

2月20日晚上，喜欢唱歌的王蒙在呀诺达雨林露天舞台上，在如梦如幻的灯光背景中，对着山水说话，对着爱人唱歌。歌声虽然有些沧桑，但充满古老的深情。他说，他去过国外的景点，美国的红山林，德国的阿尔卑斯山，奥地利的山水，而我们海南的自然风光，空气环境也特别好，海南可以跟这些地方并驾齐驱。作为一位行走世界的著名作家，王蒙多次亲近海南，在字里行间留下诸多海南印记。他认为，海南是一个能给人幸福感的地方。此次海南之旅，不仅收获着两岸四地的情谊，还是他开启第二次幸福之门的浪漫一站。美，不会凋零；爱，不会凋谢。"有美人兮，见之不忘，一日不见兮，思之如狂。"王蒙在一次赴外地的演讲中表示，文学有一个重要的来源，与感情有关尤其是与爱情有关。爱情是文学一个永恒的主题。因为有了爱，王蒙的文学创作在生活的馈赠下，他对生活对人生永远抱有达观的态度，精神头十足而健朗，喜欢锻炼，更喜欢通过写作来超越自己，与生活达成和解。他的笔尖仍在流淌出更美好的文字，展露更加美好的人生。

与此同时，王蒙还真诚地感念着滋润他文学的"情人"，则是他魂牵梦萦的地方。巴彦岱，蒙古语为"富饶之地"，原为清代"伊犁九城"之一的惠宁城的旧址，这里曾屯兵二千，因地沃水丰，是当时重要的"旗屯"之地。2014 年年底，一部叫《巴彦岱》的电影上映了。上世纪六七十年代，电影的主人公"老王"被派到新疆伊宁市巴彦岱镇，他在这里勤学维吾尔族语言，与这里的村民一起在田间地头耨地劳动，共同度过了一段难忘而和谐的岁月。影片的开头那个沉默孤寂的"老王"和结尾处那个背后不说人与村民共舞的"老王"，产生了鲜明的反差，给观众留下了深刻的印象。当"老王"泪流满面地用流利的维吾尔语说"我爱你们，也爱巴彦岱""我舍不得离开巴彦岱，也舍不得离开你们！"时，细心的观众恍然大悟，影片所展现的"老王"的故事，与当代著名作家王蒙的那段经历如出一辙。如今的巴彦岱，已经成为新疆维吾尔自治区的示范小城镇了。王蒙在散文《故乡行——重访巴彦岱》中曾深情地写道："我将带着美好的记忆，带着相逢时候的欣喜与慨叹交织的泪花、分手里的真诚的祝愿与'下次再来'的保证，带着巴彦岱的盛情、慰勉和告诫，带着这知我爱我的巴彦岱的一切影像场所、这巴彦岱的心离去，不论走到天涯海角……"巴彦岱对于王蒙来说，是寒冷中一碗热热的奶茶，也是寒风中一件厚厚的袷袢。我们把时间锁定在 1963 年，正好是王蒙创作《青春万岁》的十年后，他来到了新疆伊犁伊宁市和伊宁县下属巴彦岱镇巴彦岱公社二大队生活工作。初来乍到，王蒙"语言不通，形影相吊"，陪伴他的只有自己小小的行李卷和一对在梁上做巢的新婚的燕子。他彻彻底底爱上了新疆，成了聚餐会上吃着马肠子面肺子就酒的王蒙、谁家盖房子都去帮工的王蒙、学会了"踩馕渣儿的就要倒霉"的王蒙。王蒙在学习维吾尔语之后任汉语翻译，后任二大队副大队长。他在书中这样写道："新疆是我的第二故乡，新疆是我的人生的纪念，新疆是我的快乐与坚毅的源泉。永忆新疆，何悲白发，宽宏天地，情满神州……"言语间，充满了他对新疆这片土地以及人民的深深眷恋。甚至放弃了回北京的机会，把一家四口全接到了巴彦岱。甚至爱屋及乌，他给在新疆出生的孩子，都起名叫"伊欢"。王蒙后来在个人随笔《你好，新疆》中写道："新疆的人啊，边陲、农村、各族人民，竟蕴含着那样多的善良、正义感、智慧、才干和勇气，每个人心里竟燃着那样炽热的火焰，那些普通人竟是这样可爱、可亲、可敬，有时候亦复可惊、可笑、可叹！"一位新疆记者曾这样写过："王蒙的文章中写道：'一声黑眼睛（伊犁民歌）双泪落君前。'读到这里我的眼泪涌出来了。"这位记者还说，在那种特殊的境况下，王蒙到新疆来，对于他个人来讲是不幸，然而恰恰又是新疆人民的幸运。新疆人民也像喜爱自己的亲人一样爱戴王蒙、敬重王蒙，深情地拥抱王

2017 年 6 月，王蒙在新疆巴彦岱与当地村民合影

蒙，并把他当作自己亲密的朋友。也正是在这样一个"充满激情和等待、幻想和野性、天真和活力的地方"，王蒙找回了创作的激情，进入了创作的高峰。他告诉记者："远赴新疆，一个宽大雄浑、大不相同的地方，突破以往，得到全新的生活体验，我兴奋，觉得即使在逆境中，仍然一定程度上把握住自己命运了。"

　　翻开世界文学史，伟大的作家都有着对故乡、故土、故友的倾情和关注、眷恋，他们从中汲取文学的养分、编织动人的故事，助力自己的创作。肖洛霍夫写静静的顿河和哥萨克骑兵，美国小说家福克纳写他的家乡约克纳帕塔法那块邮票般小小的地方，都是乡土为他们提供了丰沛的写作源泉，而后通过作家的创作奉献出了令世人瞩目的优秀作品。概莫能外，中国文学史上的鲁迅写故乡绍兴、茅盾的乌镇和他的《农村三部曲》、莫言写老家高密的东北乡、陈忠实写他的"白鹿塬"以及贾平凹写商州、迟子建笔下的黑龙江岸上的黑土地以及她的额尔古纳河右岸、王安忆与她熟悉的上海弄堂等等，无不充分地诠释了文学与地域、文学与民族间的血脉关系。新疆涵养了王蒙，给了王蒙创作的素材、动力和情感的寄托，这是许多作家无法达成的。王蒙在最近和记者回忆起新疆时，还感慨：当时情况下，我下决心远离北京，经风雨、见世面，去了新疆，先成为自治区文联的一名编辑，后来还下乡深潜，参加农业劳动，经受过零下三四十摄氏度的严寒，见识过电吹风式的温热空气流动，当过村干部、当过翻译，还让我们仔细地打量王蒙在新疆的工作、生活，其间当然有忧心忡忡的一面，同时是全须全尾、健康充实、与时共进地度过了 16 年。他说他这些年在那里还完成了一部 70 万字的长篇小说《这边风景》，40 年后出版、获奖，等等，不能说自己没有过悲怆的时候，但更多的是隐而不露的自信。我们可以从中观察到在这个阶段的王蒙文学创作焕发"二度青春"。他离开新疆后，则以"脱缰"之势，先后创作了逾百万字的作品，其中绝大部分是他在新疆的见闻与感受。这个创作的态势，也延至这十年的文学创作当中、文化传播当中。鲁迅说："创作，总根于爱。"这句话用于概括王蒙之于新疆题材系列作品实在贴切。1963 年，王蒙挈妇将雏远赴新疆，用他自己的话说，"用 16 年的时间成为维吾尔语博士后"。听起来，不无揶揄，实际上王蒙的确做到了。2023年，是王蒙从事文学创作 70 周年，距他远赴新疆也有 60 年。那片辽阔大地上色彩丰盛的生活，早已融为他积极乐观、幽默自信的生命底色，更成为他广饶多姿的文学创作资源。著名文化记者舒晋瑜说得好：在王蒙与新疆之间，"连接着茂密而绵长的根系，根系上繁衍出取之不竭且有情有爱的新疆故事。因为爱，他学会了维吾尔语，真正融入了新疆人民的生活；因为爱，他饱含热情书写新疆各民族的文化；因为爱，他对人民、对生活、对新疆、对祖国，热诚礼赞。"一条伊犁河，急湍的河水，帐篷与炊烟，城乡马路上那些勇敢的"骑（马）士"，一望无际的苜蓿，午夜的街巷里到处是醉酒高歌的场子，这些都曾让王蒙激动万分、叹为观止，也都时时刻刻在鼓励着王蒙开拓再开拓、创新再创新。是啊，在人们看来平平常常、普普通通，可在王蒙的眼里，都可以是诗、是词，是信手拈来就可以化为小说的语言和文字。

2023 年春，王蒙接受《中华读书报》采访时告诉记者舒晋瑜："我还要说一点过去没有认真说过的情况。我说过，萧殷和韦君宜是我的两位恩师。萧殷支持我写成《青春万岁》，走上文学大路。韦君宜帮助我经历了此后的风风雨雨。我近年越来越明白，我的恩师中还有一位重要人物，他就是'一二·九'运动中涌现的、担任过新疆维吾尔自治区党委分管文教的林渤民书记。1964 年，我初到新疆，到喀什专区去，在莎车县巧遇林书记，他与我谈话，鼓励我努力写作，尤其是鼓励我学习维吾尔语。他说，作家深入生活，要与各族人民心连心，要与人民'恋爱'，而'恋爱'是不能靠翻译的。他还说，作家要沉到生活里去，不要像水里的皮球，按也按不下去。后来，由于形势的变化，他又想办法派我到生活条件较好的伊犁地区劳动锻炼，兼任一个公社的副大队长，并在伊宁市妥为安家。这对我而言，是当时可能提供的美梦一样的学习良机。他是我一生'九命七羊'经历中的一个引领，一个护佑我的重要'金刚罗汉'。感恩林渤民同志！"这样的话语，真是让人读起来无比感动，毕竟是过去时中的人了，而王蒙今天谈起来他们，毫

无造作之态，而是心
怀着一颗诚朴的感恩
之心。

如今，他谈起离
开新疆时的感受，"是
兴奋的，也是十分不
舍的，30 多位各民族
朋友到火车站送别我
和家人，大家都落了
泪。我当时已经坚信，
我还会频频回来。这
是终生的缘分，是刻
骨铭心的爱。"算起来，
王蒙离开新疆已经 44
年了，这 40 多年中他

2009 年 7 月 4 日，王蒙在新疆伊犁与当
地友人起舞

回新疆近 40 次，千丝万缕，难以割舍。这十来年，他不仅以
时不我待的紧迫感加快了回新疆的频次，深入到实地为新疆的
文化旅游、乡村振兴等发展走访调研、献计献策，还时常与在
北京的很多的新疆老领导、老同志，与来北京办事的、学习的
新疆老朋新友，保持密切的联系。他还采取给新疆班讲课的方
式，作为与新疆沟通的管道，表达着相互间的惦念。算起来
有 20 多次了，新疆的老乡对王蒙说，你来讲课，我们像过节

一样；要求王蒙，你要多来，哪怕没有什么说的，我们看到你
对新疆各族同胞的态度，我们都会受到一些启发。这十年，新
疆对于王蒙，并不是变得遥远了，而是更加贴近了、更加融入
了。因为，他现在比起以往任何时候，更加坚信自己能胜任
"热爱祖国、民族团结、国家统一"这一宏大主题写作的重任；
他也比以往任何时候，更加深情地顾盼那块土地。正如王蒙
1991 年在诗歌《回新疆》中写到的那样：

> 土屋里的茶饮毡房里的奶，
> 葡萄唱歌下的编织玫瑰盛开，
> 石头缝也流出温泉汩汩，
> 洗京华风尘添昆仑风采，
> 会见又再见，握手又分开。
> …………
> 逝者的姓名如星辰点点，
> 幼者的身材成大树排排。
> 笑吧，让我们抱头痛哭，
> 大地就在脚下实实在在。
> 往事如烟，友谊似铁。

七、与青春干杯

青年就是未来，青年就是希望。

这是一个春天：2023 年的春天，是人们摆脱三年恐慌后的第一个春天。这个春天，城里乡下，家家户户，老老少少，人们脸上都漾起从伤害中、从恐惧中挣脱出来的欢笑，是活过来仍要幸福快乐的模样。与此同时，王蒙鲐背了，但他的精、气、神依然是对春天"还要抖擞精神、还要激动细胞"，甚至用一种特别的样式向这个特别的春天报到："写小说有多么幸福，它是对生活的记忆、眷恋、兴味、体贴、消化与多情多思。它是你给世界、给历史和时代、给可爱的那么多亲人友人师长哲人的情书。是给一些对你或许不太理解不太正解不太友善难免有点忌妒的人的一个微笑、一个招呼、一次沟通示好。它是你的印迹、你的生命、你的呼吸、你的留言、一点小嘚瑟。"

写小说幸福的王蒙，热爱大自然的春天，一年中刚起个头儿，有的是工夫，也有的是希望。王蒙更喜爱人间的春天，就像朱自清笔下给人们描画出来的《春》，王蒙也热切地讴歌人生的春天，这是人生中一段最活泼、最冲动、最多彩、最富有生命活力的时光，每一个人都有不一样的春天，但同样演绎着春天般精彩的人生。写小说幸福的王蒙，有青春的空间和动力，也有青春般的功能和浪漫。也许文学事业就是青春的事业，就是一场共赴青春的约会，一段优美的青春华章，就像当年在溜冰场上一样的王蒙和他的芳。

王干至今还记得，自己与王蒙展开文学对话的时候，还是一个从江苏刚刚到北京的基层文学工作者，甚至内心里还有一份难言的胆怯，就是害怕"对"不起来。如今看起来，无论如何当时也没有产生对话的基本条件。那时的王蒙，不仅是著作等身的大作家，而且还是当时在任的国家文化部部长。回忆当年的情景，王干生动地记述："对话是一个周末，他费尽周折找到我地下室招待所的电话。听到王蒙的声音，不敢相信，居然梦想成真。因为我当时有一个梦想，就是希望有机会和我的偶像王蒙先生一起谈经论道。"写过《青春万岁》的王蒙，最懂得青春的荷尔蒙的价值和向度。在王蒙的学识和魅力的感召下，一对上话，一开始真正的思想的交锋，王干咕噜一下就开了窍，彼此间原来就是注定为对话而存在。王干深知，王蒙以一种能量的径流给自己注入能量并成就着自己。这场十分精彩的对话，为王干自己在文学圈赢得了"豪华"的开场白和久负盛名的王干特色的文学批评现象。当时在文学界的轰动，是如今任何一个网络"大V"都难以企及和比拟的。而且，这场对话不是用"引流"带来的流量，是青春的激荡，是王蒙用蕴藏持久的青春的力量引领着青年人在文学道路上迅跑。

作家张炜曾不无激动地说：王蒙"是中国作家的榜样。他长期以来提携了那么多中青年作家，不光是个人的创作成果丰硕，对中国整个作家队伍的培养也作出很大贡献。"他甚至疾呼："读一读王蒙的文学长河如何流淌、如何起伏、如何冲撞，这对我们有很大的启迪。"王蒙70年的创作成就对同代作家以及文学晚辈，都产生了极大的影响。翻开那本经典的《王蒙王干对话录》，几十年前他关照到的那批青年作家，至今还受到王蒙的青睐，例如，王蒙对迟子建就是如此，直到新冠疫情暴发的2020年，王蒙还仍在第12期的《读书》上撰文说："迟子建的笔触是如意遂心的。同时，我相信她赶明儿能写得更好大好。"这是迟子建的幸运，当然也是王蒙捧出的那颗真诚的心。

新世纪来临的时候，王蒙就给文学带来了一缕阳光。

王蒙对青年人的提携，并不流于口头上的雅念，他是要实在地行动，是一种共产党人的魅力。就如同国家前几年搞扶贫一样，是精准的，也是具体能落到实处的扶持帮助。有谁像他那样做了善举却不在意留名呢？他设立一个文学奖项都不用"王蒙"冠名，他喜欢春天，他更期待中国文学的春天。只有春天，才富有活力和生机，才能创造一个蓬勃朝气的中国文学之春。2000年1月，王蒙以长篇小说《狂欢的季节》在首届《当代》文学拉力赛"的总决赛上赢得冠军并获得编辑部颁发的 10 万元大奖。颁奖现场，王蒙当场宣布将所获得的奖金全部捐给了人民文学出版社，倡议设立 30 岁以下的文学新人奖，支持年轻人的创作，以促进中国文学事业的繁荣。人民文学出版社决定这一奖项为"春天文学奖"，寓意着希望和未来。这是继鲁迅文学奖、茅盾文学奖、冰心文学奖、冯牧文学奖等之后，中国文坛的又一重要的文学奖和文学盛事。每年奖励一位 30 岁以下的文学创作成就显著的青年作者，在次年的新春颁奖同时出版"春天丛书"，专门出版该年度得奖和获提名的青年作者的作品集，在文艺界和社会上均引起了极大的反响。23 年来，一届一届的评奖，一个一个获奖者的涌出，给当代中国文学注入了新的活力。

首届春天文学奖获奖者：戴来

提名奖：陆离、龙女

第二届春天文学奖获奖者：李修文

提名奖：格央、叶子

第三届春天文学奖获奖者：了一容、周瑾

第四届春天文学奖获奖者：彭扬、徐则臣

第五届春天文学奖获奖者：张悦然、苏瓷瓷

…………

正是在春天文学奖的引领和感召下，曾经是春天文学奖得主的徐则臣，现任《人民文学》的副主编。2005 年，获得第四届春天文学奖后，创作呈现出井喷的状态，其作品被公认为

"标示出一个人在青年时代可能达到的灵魂眼界。"徐则臣由此先后获得鲁迅文学奖、庄重文文学奖、老舍文学奖，甚至一再登上茅盾文学奖的领奖台，是"70后"作家的代表性人物。2021年2月，当选中国文联第十一届全国委员会委员。青年作家李修文1975年出生，13岁就发表作品，当过文学杂志的编辑，报社编辑记者，但他还是坚定地认为：从事文学创作应该是自己唯一的生活方式。在获得第二届春天文学奖后的日子，他的作品更是形成了自己的风格。2018年，他当选为湖北省作家协会主席之后，立即又以作品《山河袈裟》获得第七届鲁迅文学奖散文杂文奖。这里的逻辑，当然不能瞄准在必然上，但是不无精神的力量始终给予创作者以勇往直前的能量，这显然也是一个客观存在。对于青年作家们来说，王蒙不是神，但王蒙是一个追赶的"路标"、是一个奋进的榜样、是一个赛道旁边伴着你最真诚和无私的"领跑者"。

为支持青年作家成长，让中国当代文学、新时代文学永葆青春活力，王蒙先生又一次慷慨解囊捐出稿费，在中华文学基金会设立了王蒙青年文学发展专项基金。中国作协党组对王蒙青年文学发展专项基金的工作高度重视，决心以此作为推动青年文学繁荣发展的活跃平台。青年作家支持计划是该基金的第一个持续性项目，目标包括每年从40岁以下的青年作家中选出若干名特选作家予以支持，同时举行王蒙青年作家支持计划年度论坛。该计划由中华文学基金会王蒙青年文学发展专项基金、中国作协青年工作委员会、北京出版集团联合主办，每年在北京十月文学月期间举行。2022 年 9 月 22 日，首届（2021—2022）王蒙青年作家支持计划·年度特选作家在北京揭晓，青年作家孙频、郑在欢、渡澜入选。王蒙与时任中国作协主席、中国文联主席铁凝共同向入选作家代表郑在欢颁授"王蒙青年作家支持计划·年度特选作家"荣誉。这意味着由作家王蒙以个人稿费出资成立的"王蒙青年文学发展专项基金"结出了第一枚硕果。一百多位嘉宾出席并共同见证了这一庄重而荣光的时刻。这样的情景和这样的盛况，对于王蒙真可谓"老夫喜作黄昏颂，满目青山夕照明。"而对于整个的文学事业，那真是让人感到"日出江花红胜火，春来江水绿如蓝。"王蒙展望和亲手描绘的文学事业之春，一定是青出于蓝而胜于蓝。

王蒙这十年，对青春的关爱不仅是给青年作家授之以"渔"，他还把自己的心血洒向一块"圣地"，那是一块让人能展开无限想象的文学"处女地"，那就是学校。这也是文学的可持续发展的路径选择。当年，王蒙以《青春万岁》开启自己的文学道路。而这部长篇小说所写的正是那些青春的学生和他们在校园里演绎的青春故事。

如前所述，王蒙对于高校授予他的各种名衔，总是摆出虔诚的姿态恭恭敬敬地接受。《礼记·表记》中讲道：君子不失足于人，不失色于人，不失口于人。是故君子貌足畏也，色足惮也，言足信也。王蒙曾在《王蒙八十自述》里说，年轻时候我一直为自己没有受到高等教育而遗憾。可如今的王蒙，一个从未上过大学的人，一个从少年时代就向往上大学的作家，一下却拥有俄罗斯科学院远东研究所颁授的荣誉博士头衔。这是在 2004 年的一件令王蒙以及他全家非常重视的事，在莫斯科举行了正规的仪式，那里的人们告诉他，欧洲其他地方的博士，在俄罗斯只能改授副博士学位。这里给王蒙授予的荣誉博士头衔，分量很重。后来，澳门大学也授予王蒙荣誉博士。同年夏天，王蒙应邀来到荷兰莱顿大学讲演，之后与妻子崔瑞芳一起，参加女儿王伊欢在瓦格林根大学的博士论文答辩并见证了女儿得到了博士学位。这时的王蒙想起了自己的父亲，一辈子多么向往欧洲及其欧洲的学位，而此时在欧洲的校园里，这个家庭竟有两名成员都拥有欧洲的博士学位。欢聚一堂时刻，王蒙想父亲也会为他的后人们感到高兴呀。

现在的王蒙不仅有博士头衔，还收获了许多大学教授的职称，是个名副其实的传道授业解惑的老师。有意思的是，他一生中第一个名誉教授来自解放军艺术学院，这是一所军队院校，专门培养中国人民解放军中包括文学创作方面的文艺和文化人才的院校，现已归属于中国人民解放军国防大学。从大的属性来讲，王蒙现在是国防大学的名誉教授。正是因为这个缘故，作家王蒙不仅成为一批解放军官兵的老师，甚至还将有受教于他的学生成为领兵打仗的将军、军队作家群的领军人物。王蒙还拥有国内外许多高校的教授、兼职教授、名誉教授、名誉院长、顾问或高级顾问的头衔，遍布于东南西北中：南京大学、东南大学、浙江大学、中山大学、北京师范大学、上海交通大学、西安工业大学、华中师范大学、新疆大学、新疆师范大学、重庆师范大学、海南师范大学、中国海洋大学……2015 年 6 月 27 日，王蒙出席北京师范大学—香港浸会大学联合国际学院（UIC）第七届毕业典礼暨荣誉院士颁授典礼，获聘荣誉院士。算起来，除了著作等身，王蒙的职衔、荣誉头衔、荣誉学位、社会兼职等，不仅体现了王蒙在中国的文化艺术界的位置，同时也是社会各界乃至世界同行对王蒙的成就给予的充分肯定。他还先后到过许多无法给予归类统计的大学、文学院、科研院所、图书馆、各

2023 年 5 月，王蒙在新疆大学讲课

类讲坛、大讲堂等讲课或演讲，深受人们的喜爱，特别是在青年中产生了良好的反响。都说青年是希望是未来，王蒙教授过的这些学子们，保不准就有将来的院士、科学家、文艺家以及领兵打仗的将军等，将闪耀在历史的"排行榜"上。

进校园是这十年中王蒙最为乐意的行动，这在他的《天地人生》中就有专门谈"劝学"的篇章，给人以启发。据不完全统计，截至 2023 年 6 月，王蒙先后 15 次走进中国海洋大学。自 2002 年 4 月受聘青岛海洋大学（现更名为"中国海洋大学"）的顾问、文学院院长（现为名誉院长）、首席驻校作家、教授，这里也成为王蒙二十来年倾注精力最多的地方。王蒙的加持，被称为中国海洋大学第三次人文复兴拉开了序幕。这里曾经是山东大学的校址，学校的建筑兼有德、日风格，文学史上许多著名作家、戏剧家、文学家，如：闻一多、朱自清、梁实秋、老舍、洪深等都在这里教过课。王蒙曾在自传里特别提到江青与王度庐，前者是毛主席的妻子，后者则是小说《卧虎藏龙》的作者，都曾是这里的图书馆管理员。除了海大的传统和海大人的热忱外，青岛这座美丽的海滨城市所放射出来的魅力，也特别地吸引王蒙。他用文学家的眼光审视这座城市，他说这里就是一件让人爱不释手的艺术品。过去的 21 年，对于中国海洋大学，王蒙就是一面精神的旗帜，也是海大一盏明亮的精神之灯；王蒙则心系海大，先后在这所大学里倡导创建了"驻校作家制度""名家课程体系""科学·人文·未来"论坛，都已是大学里的著名学术品牌，不能不说王蒙所做的奉献与努力，也是在为中国海洋大学在人文领域做着提挡升级的工作。在这里，王蒙曾与青年作家对谈"时代变局中的文学与八零一代作家的选择"，诲人不倦地引领着当代青年作家；在这里，王蒙关心青年人的综合素养的提高，与中科院院士冯士筰、数学家方奇志对谈"数学与人文"，语重心长地牵手青年学子共赴科学与人文的美好未来。

这里如今不仅有作家楼，还有王蒙文学馆等。王蒙心系海大，重要的是情系海大的青年学子，寄希望于他们坚定理想信念、矢志奋斗报国。由于有对青年的爱惜，王蒙对中国海洋大学是用真心、动真情、办实事的。他自己像一只不知疲倦地在这里筑巢的"凤凰"，他还像一个栽树的人，他要在这里种下一片引来凤凰筑巢的梧桐树，让中国海洋大学变成梧桐林，变成无数凤凰栖息的地方。就像他在自传中所记述的那样精彩：

> 前后我还请过童庆炳、袁行霈、柳鸣九、朱虹、严家炎、何西来、黄维樑、龚育之、叶嘉莹、余光中、白先勇、金圣华等来授课。请余华、迟子建等来写作。
>
> 几位教授作家各有风格。童庆炳旁征博引，丝丝入扣。袁行霈仁心诗心，感人至深。柳鸣九高屋建瓴，神交法兰西。何西来豪情如火，情理并茂。严家炎精细缜密，百发百中。龚育之心平气和，真理在握。黄维樑纵横驰

骋，思绪如电。叶嘉莹诗话曼妙，引人入胜。白先勇精诚
所至，金石为开。余光中学贯中西，隽语妙悟。金圣华亲
切条理，循循善诱。冯骥才博闻强记，见多识广。叶辛绵
密动听，娓娓道来。

这十年，以上的名字仍在续写；这十年，驻校作家不断
"添丁"；这十年，来校嘉宾络绎不绝。这些年、这一切、这些
人，无疑是中国海洋大学最耀眼的"海洋之星"。"海纳百川，
取则行远。"如此的阵容和极高的规格，是许许多多高校难以
企及和无限羡慕的，也是青年人心向往之的，对确立广大青年
学生树立正确的人生观、价值观起到了积极的推动作用。正像
王蒙所言"即使只排一排名单，也够你高兴一阵子的啦。"

2013年12月16日，人民文学出版社与东直门中学联合举
办的"不同的时代，同样的青春——王蒙先生与青少年学生面
对面"暨《青春万岁》创作六十周年纪念活动上，王蒙的到来
为中学生们增添了青春的活力。这所具有传统的学校对王蒙来
讲有着青春记忆和割舍不断的缘分，和中学生在一起，他仿佛
回到了当年《青春万岁》描写的20世纪50年代初期的中学生
生活，回到了自己在小说里建构的故事中，也再次唤回了王蒙
对青春的依恋。

东直门中学始建于1935年，原为北平市立第二女子中学，
是一所有历史渊源的学校。《青春万岁》的故事在20世纪50

年代初期，就发生在这样的校园里，这样的同学中。"女二中保尔班"是王蒙的创作原型之一，王蒙与同学们回忆说："那时有个保尔班的日记，大家轮流记。记下班上发生的事情，大家看到的新的书、新的画、新学会的歌。那个年代大家怎么会唱那么多歌，天天唱歌……有哪个同学说了什么不应该的、不礼貌的、影响学习纪律的话，也会在日记中深刻地进行自我批评。"王蒙也说起自己的青春："我确实亲眼见证了旧中国的衰亡、混乱、肮脏、腐臭，忽然看到新的中国，光明出来了，一个个好像有使不完的劲儿。即使我们当时有很多幼稚的地方，我们有过这样一个热情、幸福的回忆，有过这样一个光明的底色，和没有是不一样的……应该让我们的年轻人燃烧起来，光明起来。"王蒙感慨万端："青春各式各样，任何一部书只能代表一个时代。现在有很多人写青春，读青春，议论青春。我也注意到，现在有一些作家让人警惕青春。新世纪的青年应该深刻探讨。"

八、跨洋过海讲好中国故事

　　王蒙不是一位只局限在自己的文化场阈中做道场的作家和著名的文化学者，他是非常愿意将自己的作品、对中华文化与文明的研习成果播撒出去并开花结果的人。王蒙是创新的，王蒙也是开放的，他把自己打开，让打开的自己融入更宽广的世界中，因此他被专家称为读懂中国的重要学者。他常常把自己定位成中华文化的传播者，让自己成为这个方面的"载体"或"平台"，但又不仅仅满足于做一个使者，同样是一位成就非凡的践行者。他不光满足于国内读者的喜爱，他同样还是外国读者和同行尊重的中国当代著名作家、文化学者、曾经的中国高级文化官员。他曾获得过意大利蒙德罗文学奖、日本人创价学会和平与文化奖、俄罗斯科学院远东研究所与澳门大学荣誉博士学位、约旦作家协会名誉会员、中伊友好协会名誉主席等荣衔。几十年来，王蒙的作品先后被翻译成二十多种语言在国外发行，产生了良好的反响。与此同时，这十年来，王蒙一次又一次踏出国门，飞越五洋，跨过欧亚大陆，中华文化的脉络与博大精深随着他的足迹，深深地印在了不同时空、不同文明人们的心田。"天行健，君子以自强不息"。

当历史的烛光一次又一次地摇曳在东西方文明的星空中，把观察历史的镜头聚焦到 2000 多年前，三位文化哲人在三个创造世界不同文明的方位上，分别留下了不同的文明光影：孔子在黄河岸边思考着人与社会的关系，释迦牟尼则在恒河之畔思考人与神的关系，而亚里士多德踌躇在爱琴海滨追寻着人与自然的关系。他们从各自的角度，给了人类一把完美的尺子，一把能够衡量文化功能的尺子，一把能够丈量文明时空的尺子。他们是人类历史上最伟大的人物，都有着对于今天人们来说高不可攀的境界和人格，这无疑也是全人类所推崇的理由。长河落日，历史变迁，古印度、古希腊、古埃及等，那些曾灿烂耀眼的文明都随着河流与大海的奔腾不息流淌而去。其实，孔子可能早就预料到了，不然怎会发出这样的警句："逝者如斯夫！不舍昼夜。"中华文明历经数千年绵延至今，以中国人独有的智慧使之成为从未中断过的灿烂文明，这既是人类文明史的奇迹和幸运，也是我们坚定文化自信的根本底气所在。十年，王蒙开拓了一番美丽和高尚的事业。

2015 年 11 月下旬，王蒙从北京飞往埃及的开罗。开罗是埃及的首都，横跨最长的河流尼罗河，有五千年连绵不断的历史，是非洲和中东地区最大的城市，也是世界著名的文化古都。古埃及人把开罗称为"城市之母"，阿拉伯人将这里叫作"卡海勒"，意思是征服者和胜利者。11 月的开罗，进入一年当中的秋季，气候温和，正是开罗的旅游旺季。王蒙不是以旅行者的身份而来，是为新疆而来，是为向世界展示新疆的现状而来。11 月 23 日，王蒙和畅销书《我从新疆来》的作者库尔班江·赛买提作为主讲嘉宾出席由我国文化部中外文化交流中心、新世界出版社、开罗中国文化中心以及埃及最高文化委员会共同主办的"发现中国·讲述新疆"讲座及作者见面会。26 日，又马不停蹄地在土耳其国家图书馆出席同一主题的活动，进行宣讲和交流。王蒙在演讲中说，我在新疆工作、生活长达 16 年时间，与这片土地有着深厚的感情。自 1978 年中国改革开放以来，新疆各族人民生活水平显著提高，经济社会发展取得了长足的进步，充满了生机和活力。他审慎地告诉世界，暴恐事件并不能代表新疆的主流，义正词严地指出个别外国势力肆意炒作、夸大新疆的民族矛盾是别有用心的。王蒙还以书为例，认为《我从新疆来》是新疆各族人民的真实写照，从侧面呈现出一个真实的、美丽的新疆，也是人们了解新疆的重要窗口。王蒙在埃及著名学府艾资哈尔大学的礼堂内，兴致勃勃地拉起了家常，幽默的语言和鲜活的故事赢得现场阵阵掌声，严肃的学术氛围被连珠妙语驱散得无影无踪。在场的埃及作家萨维·艾哈迈德认为，王蒙一行此次在埃及的交流活动是一次非常"接地气儿"的民间文化交流。民间文化交流是普通民众最喜闻乐见的交流方式，因为这种方式最直接、最质朴、最有趣、最容易让人接受。埃及最高文化委员会秘书长艾米勒·萨班将埃中交流追溯到唐朝时期。近代以来，艾资哈尔大学于1931 年迎来第一批赴埃的中国留学生，此后埃中文化界、知识界之间的交流不断。

此前，来自新疆的维吾尔族摄影师库尔班江和王蒙早已是一对忘年交的好朋友，曾在一起就探索向世界讲述真实的新疆故事与文化的经历与方法展开过对话，他们的共同点在于都了解新疆的历史，也了解新疆的现在，用心用情地在多民族间搭建起精神的"混凝土"，也在世界舞台上讲述着真实的新疆故事。

2017 年 11 月，王蒙再一次登上向东飞去的航班，来到日本进行文化交流和文明对话。这个时节，正是日本赏菊花和黄叶、红叶的季节。深秋的东京，一些重要场所设有银杏树道，美丽的黄叶在秋日晴空的映衬下十分耀眼，落叶铺就的道路就像金黄的地毯。如果你走进某一处庭院，在火红的枫叶映照下，庭院则越发美丽，如梦如幻。当然，东京不只有这些美景、美食，还有独特的文化。王蒙当然不是为了赏花观景而来，而是为了文化文明的交流互鉴而来。四整天的时间，他访问了日本创价学会，与友好人士进行会见交流。时光回溯到20 世纪的 1987 年，这年的 2 月是中国的农历新年，一年之计在于春。春天给人温暖，春天总是给人传达着希望的讯息。53岁的王蒙获得日本创价学会和平与文化奖，那时候的王蒙还是国家的文化部部长，但这个奖项一定不仅是为了褒奖他以小说而著名的在文学创作上的成就，而是更多地奖掖他以文化为纽带对世界和平与文化所作出的贡献。两个月之后的 4 月，王蒙应日本外交部和日中文化交流协会的邀请，首次正式访问日本，夫人一同收到邀请但却未予批准。有趣的是，王蒙曾在当时的日本外交大臣名仓成正的招待宴会上，津津有味地看着大臣本人即席为王蒙和代表团的魔术表演，在王蒙的感受中，他觉得友好和亲近的途径是多样的。雨果曾经说过，世界上最宽阔的是海洋，比海洋更宽阔的是天空，比天空更宽阔的是人的胸怀。对待不同文化间的交流和态度，王蒙具有比天空更加宽广的胸怀。王蒙是一个杰出的文化使者，他带着一种天赋的使命，有一种重任在肩的力量驱使他去把中华传统文化传播出去。这是一种责任，担在王蒙的肩上却是有着显著的"王蒙式"的高度自觉。在樱美林大学的桂冠堂，他接受了校长三谷高康给他授予的荣誉文学博士学位并做了有关文学与中华优秀传统文化的演讲。在日本的每一个时刻，他马不停蹄地进行文化考察，到日中关系学会等开展文化交流与讲演活动。

文明因交流而多彩，文明因互鉴而丰富。中华文化和文明，经历了 5000 多年的历史变迁，积淀了中华民族最深层的精神追求，代表着中华民族独特的精神标识，始终一脉相承，为中华民族繁衍、发展、壮大提供了丰厚的滋养。中华文化在中国大地上产生，也是与其他文化不断交流互鉴而形成的一种具有自信的文化。中国人很早就有了"和而不同"的思想，尽管在各种文化的交流中有冲突、矛盾、疑惑甚至拒绝，但更多展现的是学习、消化、融合和创新，潜移默化，润物无声。

1987 年 2 月，王蒙正式访问泰国。这次访问给王蒙留下的最深刻印象是在泰国夏都清迈与诗琳通公主会面的情景：原定只有 15 分钟的见面，因为公主对文学的挚爱，在王蒙一再的告辞和公主的一再挽留下，他们的会面一直延续了 50 分钟。此后不久，诗琳通公主翻译了王蒙的作品《蝴蝶》并于 90 年代以泰语在曼谷出版。他们之间保持着友谊，公主每年都与王蒙互致贺卡并祝贺新年新春。公主多次来华，几乎两人都有机会见面。世纪之初的 2001 年，公主到北京大学留学。求学期间，公主依然忘不了王蒙这位老朋友，还专程登门与王蒙见面。他们之间的情谊是以文化和文学为基础的，深厚而牢固。王蒙和诗琳通公主间的友谊，以民间外交的多姿多彩同样会载入中泰友好的历史篇章中，成为有滋有味、生动鲜活的重要细节。这十年中，2013 年 4 月，王蒙在北京与公主见面并应邀出席诗琳通公主举行的宴会。2018 年诗琳通公主再一次访华，亲自来到位于北京世茂奥林的王蒙家中，拜访了王蒙。2019 年 9 月，公主是以"友谊勋章"获得者的身份和"人民艺术家"王蒙一起在人民大会堂金色大厅参加颁授仪式的。两位老朋友在这样一个盛世仪式上再次见面，既是一种缘分，也是中泰文化文明交流相融的见证。诗琳通公主是泰国王室成员访华的第一人。最近的一次访华，是 2023 年 6 月，她第 50 次踏上访

2008 年 8 月 9 日，诗琳通公主到访王蒙住所并题写"好朋友"留念

华之旅，中国国家领导人亲切会见了诗琳通公主，并共同出席了中国人民对外友好协会举办的公主第 50 次访华的庆祝活动，成为中泰友好史上的一段佳话。"中泰手足情，绵延千秋好。"

　　哈瓦那，有"加勒比海的明珠"之称，四季宜人。2018 年 5 月 18 日，王蒙抵达这里，开始了他的拉美文化之旅。哈瓦那是古巴首都，拥有众多的名胜古迹。其旧城是建筑艺术的宝库，拥有各个时期不同风格的建筑，至今还留有西班牙式的古老建筑，被列为世界文化遗产。而新城则是拉美著名的现代化城市之一，毗邻加勒比海，充满着现代化气息和繁荣的景象。在这里既可以探访到旧城的古老，也可以领略到新城的壮美；既可以享受海天一色的海滩景象，也可以体验多彩的运动乐趣。古巴，哈瓦那，这些国度和地名，对于王蒙并不陌生。王蒙是为着文化的交流而来，为古巴文联的同行们做中华文化的专题讲座、拜谒海明威故居、莫罗—卡瓦尼亚城堡、格瓦拉博物馆、国会大厦、艾丽西亚·阿隆索大剧院、革命广场，等等。海明威在哈瓦那的故居维西亚小庄园，已经是当地著名的博物馆，海明威不朽的名著《老人与海》就在这里写就。这个庄园始建于 1887 年，自 1940 年起，海明威在这里一直居住到 1961 年，20 多年间，他的很多重要作品也诞生于此。这是海明威文学成就最丰硕的 20 年，也是他生活最多彩的 20 年和他人生最后的 20 年，给世界文学史平添了不朽的作品和浪漫的爱情。由此，这里吸引了世界各地许多慕名而来的参观者，王蒙也不例外。在古巴最后的逗留时光，他还与中国驻古巴大使馆的有关人员一起开展"青年读书会"活动。

王蒙的拉美之行，当然不能错过智利这令人神奇的国家。智利就像静卧在冷峭的安第斯山脚下一列长达 4000 公里的火车。那里是地球上最后一次有人居住的地方，也是生长诗人的土地。在圣地亚哥参访孔子学院拉美中心并举办"中华文化讲堂"讲座——中国：传统与现代化。5 月 25 日，王蒙和他的随行人员一起前往黑岛，参观聂鲁达故居。这里是距离圣地亚哥 150 公里的一个海滨度假小城，这里因为聂鲁达的到来才叫"黑岛"的，也因为聂鲁达才成为闻名于世的旅游胜地。聂鲁达的故居隐匿在这片城市的森林中，每一个到智利的人，都不可能错过聂鲁达的故居。故居建在临海的山坡上，视野开阔，蓝色的瓦尔帕莱索海一望无际，令人心旷神怡。在这里可能探究到诗人的内心深处。置身于此，你会感受到诗人的文字根植于真实的生活经验。聂鲁达曾经写过"爱情太短，而回忆太长。"王蒙走进这里，触摸这里的每一个角落仿佛感受到这里都是爱情与诗的角落。王蒙和那成千上万的文学爱好者一样，有一个共同的心愿，那就是希望能够追寻到诗人生前的足迹，也希望能和诗人在这里的酒桌前把酒谈笑，诗歌、爱情、旅行与政治，"一觞一咏，亦足以畅叙幽情。"聂鲁达让人无限地迷恋，就像他诗中写的一样："亲爱的，没有别人会在我梦中安睡。你将离去，我们将一同离去，路过时间的海洋。"1973 年，聂鲁达辞去人间。他之前一共发表了十几本诗集，其中包括《二十首情诗和一支绝望的歌》《一百首爱的十四行诗》《船长的诗》等作品，都是爱之绝唱，在世界得到永久的回响，因为他是写人民的。那个时期的王蒙正在新疆，过着与人民同甘共苦的别样生活。如今的王蒙伫立在聂鲁达的故居前，探访诗人未写完的故事以及尚未公开的迷人的诗句，感受这位自称为共产主义者的诗人的那种鲜活的呈现南美洲"命运与梦想"的"元素之力"。聂鲁达对中国和中国文化很有兴趣，一生中曾三次来到中国，给宋庆龄颁发列宁国际和平奖，还与茅盾、丁玲、艾青等进行过友好的交流。这些年，在埃及的开罗、在土耳其国家图书馆，甚至乘着邮轮游览阿布扎比、迪拜、热那亚、米兰、庞贝、西西里、马耳他、巴塞罗那、马赛等地，王蒙走一路，都未曾忘记自己肩负的使命，那就是讲好中国故事，讲好中华文化的故事。

获得"人民艺术家"国家荣誉称号一个多月后，王蒙就立即走出国门，应邀于2019年11月6—13日，赴约旦和以色列访问交流。约旦位于亚洲西部，阿拉伯半岛的西北部，与以色列相接壤。约旦和以色列这两个国家共同的"母亲河"——约旦河，起源于叙利亚，向南流经以色列，在约旦注入死海，是世界海拔最低的河流。两千多年前，在古老的丝绸之路上，驼铃叮咚，沙漠商队赶着骆驼从中国将丝绸、茶叶、瓷器等运到中东，再将那里的香料、羊毛制品、黄金等运到中国。约旦的佩特拉古城就是这条路上的一座商贸中转站，距离首都安曼约200公里，见证了约旦的发展。中国提出"一带一路"倡议后，约旦希望与中国加强合作并期待中国在经济上有更多的投资。在约旦皇家文化中心出席第四届"丝绸之路"中约文化研讨会时，王蒙以"文明·文学·文化"为题作了精彩的发言。王蒙说，早在2000多年前，中国文明和阿拉伯文明就通过丝绸之路相识、相交，中阿不但通过货物贸易互通有无，在文明、艺术等领域的交流也非常广泛，他本人与阿拉伯文化早期结缘就是通过阅读《一千零一夜》等阿拉伯文学作品。王蒙深情地回顾20世纪80年代末，在担任中国文化部（现为中国文化和旅游部）部长期间曾到访约旦，从此也应邀成为约旦作家协会荣誉会员。约旦作协主席阿拉扬感谢王蒙为推动中约文化交流作出的积极贡献。王蒙在发言中强调,文学创作可以调动创作者全部的思维灵感、感知感受,也是文化的重要载体。从古至今,文学作品在文明对话交流中都发挥着独特的作用。他还在会上呼吁两国作家加深交流,促进文学领域的学习、借鉴。

当然,关于"文明·文学·文化"这三者间的关系,特别是怎样把它们置于一个更加广阔的时空中加以阐释、理解,王蒙行万里路,不断地从不同地区不同种族孕育的文化和文明中去寻找,来推动自己在这个方面更加深入、更加明晰的思考。王蒙伫立在耶路撒冷的犹太人大屠杀纪念馆,这里留存和陈列的每一件展品,都会让王蒙的心灵产生强烈的震撼。"二战"期间,共有约600万犹太人遭到纳粹分子的屠杀,电影《辛德勒的名单》更是让这段历史在世界范围内家喻户晓。建于1953年的犹太人大屠杀纪念馆,通过各种实物和证据,向世人展示了这段惨绝人寰的历史。在中国,日本侵略者公然违反人类基本道德准则和国际公约,制造惨绝人寰的"南京大屠杀",同样创伤着中国人民。所以,大屠杀并不仅仅是犹太人的问题,也不仅仅是发生在犹太人历史中的事件。大屠杀这种种族主义和种族灭绝的行径,酝酿和发生在现代理性社会、人类文明的高度发展阶段和人类文化成就的最高峰期,它必然是一个严肃的社会、文明和文化问题。纪念馆的原名 Yad Vashem 来自《圣经·以赛亚书》:"我必使他们在我殿中、在我墙内、有纪念、有名号、比有儿女的更美。我必赐他们永远的名、不能剪除。"
但今天的人们走进大屠杀纪念馆，目的不是要延续仇恨，而是
要追求和平。王蒙就是带着这样的愿望来到以色列，来凭吊死
难者的。可当王蒙的脚步正准备坚定地从耶路撒冷移步到特拉
维夫这个以色列最大的都会区，空袭的警报却阻止了王蒙前往
特拉维夫中国文化中心交流的行程安排。人类正处在一个风险
日益增多的时代，但世界大势并不会因为几声炮响，就停止
了"文明·文学·文化"的交流互鉴，那只是一声警报，警示
人们更好认识和平的珍贵。王蒙是具有使命感的人。原国家新
闻出版总署副署长邬书林回忆说，我记得 2009 年中国第一次
在世界上重要的舞台法兰克福书展当主宾国，整整一年中西方
文化激烈碰撞，国内国外的各种势力斗争尖锐，很多在这种场
合下都躲了。当时我在新闻出版总署，请王蒙老师去帮我们的
忙，王蒙老师不仅仅是帮忙了，还帮我们策划，帮我们做最尖
锐、最难的工作。我始终记得他的那句话，让他们闹，不闹显
不出王蒙的水平，显不出中国人的气派。所以那一次法兰克福
书展在世界上树立了一个很好的形象，这与有一批像王蒙老师
这样的作家和文化工作者的兢兢付出有很深刻的关系。跟英国
人对话讲革命文化，没有深厚的文化功底和对国家的责任感是
做不到这些的。所以我讲王蒙老师知行合一、十分睿智，给我
印象最深的我认为他是与时俱进的人，永远地跟上时代。

　　宇宙只有一个地球，人类共有一个家园，文明交流互鉴，

文学共享精彩，文化和而不同，一起推动构建人类命运共同体的伟大进程。每一种文明都孕育着自己的经典及其代表人物，像苏格拉底、亚里士多德、黑格尔、康德、笛卡尔、托尔斯泰、巴尔扎克……像马克思、恩格斯等，他们曾经在精神上达到什么样的高度？他们对生活的体验达到什么样的深度？了解他们的道德心理，对民众的关切和爱，他们对国家对同胞对亲人的忧患，如果不阅读这些经典，你就不了解这种高度。

从 20 世纪 80 年代起，王蒙就文学创作以及对文化的重要思考，往往是以对话、对谈的形式呈现。可能因为这一形式的灵活、自由和畅快，使得他的谈锋、思维更劲更敏锐更实际，更便于将一些理论问题的探讨口语化，当然因为对话谈话，往往对涉及的人和事处理起来也可以淡化些。对话更是一种带有平视色彩的交流。对话永远好于对抗，尤其是文化文明的对话。

谈到对话，这要提到评论家王干从 1988 年 11 月到 1989 年 1 月间与王蒙的十次对话，影响了上个世纪最后十多年的中国文坛。起初，这十次对话是以单篇的形式发表在各地的报刊上的，引起了当时文坛的"小小哗动"。那时的王蒙才 54 岁，成熟而青春。王干想结集成书出版，起了一个书名叫《文学十日谈》。1992 年秋天，漓江出版社出版时改为《王蒙王干对话录》。三年过去了，这本书延续最初发表时的热度，被加印三次。此后，两个父子辈的人却成了亦师亦友的忘年交，也成就了当代文坛的一段佳话。2016 年有关出版机构意欲重版这个对话录。8 月，趁着王蒙在北戴河"创作之家"度假之际，王干带着出版方的要求与王蒙在一起回顾了当年对话录的诸问题，并对时下文坛的一些热闹话题发表了各自看法，作为新版《文学这个魔方：王蒙王干对话录》的新内容。王干对此感慨万端："28 年过去了，王蒙先生还是那么健谈，还是那么敏锐，谈着谈着，我仿佛回到 1988 年的朝内北小街，还是当年的王蒙，也还是当年的王干。"2023 年 7 月，王蒙与王干相聚海滨城市青岛，再一次对新时期的文学现场进行深情回望。这一次的文学对话，将被增收到即将修订出版的第六版《王蒙王干对话录》中。

这十年，王蒙又先后就一些人们感兴趣的话题和他思考的传统文化以及文学、文明等，与中外著名作家、学者展开深层次的对话，进行观点的对垒和思维的碰撞，闪烁着坚守与弘扬的光辉。这些对话与对谈的成果由人民出版社相继出版了几个对谈文本：《赠给未来的人生哲学——王蒙池田大作对谈》（2017 年）、《争鸣传统——王蒙赵士林对谈录》（2019 年）、《永远的文学——王蒙、勒·克莱齐奥对谈》（2019 年）。如果说，王蒙与王干、赵士林等的对谈，还是在中国的时空下和中国文化、文学、文明的范畴里，那么，王蒙与池田大作、勒·克莱齐奥等进行的对谈，已经是跨时空、跨文化的交流与传播了。对谈，有时就是观点的对垒。只有将观点交锋置于传播的场阈，中国故事才能讲到世界上去。王蒙不用浮在空中的理念去教化别人，他用自己的方式讲好最美的中国故事，而且世界在倾听。这是他用尽一生的精力、用二十年的接续奋斗、用这十年金子般的光阴，为弘扬中华文化做脚踏实地的事。

王蒙与池田大作是享誉中日文化界的著名作家，都已年过八旬。他们相识于 1987 年，27 年后他们开始鸿雁传书，以书信的方式围绕文学、历史、哲学、教育等话题展开对谈。引人注目的是他们在对谈中，忧思当代青年"身处当下的互联网时代，信息获得十分便捷、舒适，但这种平面化、碎片化和海量化的信息涌来，一定程度上存在造成心智危机的可能。"由此，在书中他们以"赠给未来的人生哲学——凝视文学与人"为题，都谈出了自己独到的见解，给人启发。

与赵士林教授关于中华传统文化的对谈，则以中国文化的主脉——儒、道、佛三学及其影响下的中国人的审美心理、宗教意识、文化性格为对谈的核心内容，从历史、现实及与西方文化的比较视角对其进行了鸟瞰式同时又深入的争辩、理解和分析。《争鸣传统》对谈的重心不在于他们对儒、释、道三教思想作严谨而又细致的全面介绍，而是针对其主要精神、主要智慧作深入而又别开生面的阐发。对谈的目的也不在于对以儒、释、道为主要内容的传统文化作批判性的解读，而在于接续其精神作创造性的理解。

2019 年 3 月 17 日，四川成都，"九天开出一成都，万户千门入画图。"初春时节的电子科技大学内，葱茏的树木掩映着典雅厚朴的建筑，湖水碧波荡漾，到处都是青春的笑脸、青春的力量和拼搏的精神。这所以电子信息技术为核心，以工为主、理工渗透、多学科协调发展的研究型大学，这一天，师生们将浸润在中法两国著名作家以"永远的文学"为主题的一场思想的盛宴之中，领略中国当代文学大家王蒙与法国的诺贝尔文学奖获得者勒·克莱齐奥的思想交锋。科技的殿堂，不乏诗章的华美、真理的光芒。勒·克莱齐奥是法国当代伟大的法语作家之一，2008 年获得诺贝尔文学奖。十世纪，他的祖上是移居到毛里求斯岛的布列塔尼人，而他本人 1940 年 4 月出生于法国尼斯，所以他自认是毛里求斯文化和法语语言文化的混合体，7 岁开始写故事；1963 年出版第一部小说《诉讼笔录》，并获得雷诺多文学奖；至今已出版 50 余部作品。王蒙和勒·克莱齐奥以对文学独到的理解和对人生的深刻体悟，从自己身处的文化背景出发，对谈各自对文学的理解、东西方文学的异同、科技尤其是互联网时代对当今文学的影响以及文学对青年成长的意义，等等。后来，这次对谈内容被整理成《永远的文学——王蒙、勒·克莱齐奥对谈》一书，帮助和提升广大青年对文学的认识和对人生的理解，在青年读者中产生了积极的反响。

2019 年 5 月 12 日，深圳大学举行"手中的笔和脚下的路"分享会，王蒙与刘洪一、谷雪儿展开对谈，畅谈阅读、创作和

2019 年 3 月 17 日，王蒙在成都电子科技大学与诺奖得主勒·克莱齐奥对话现场

人生。王蒙认为，年轻时期是人生命中最慷慨激昂的时期，是对未知事物充满好奇心、完成自我塑造的重要时期，同时也是一个"危险"的时期，因为过于冲动，经验不够丰富，青春常常会作出错误的选择。因此，他给青年人提出建议，保持不断的学习，"学到老，学到死，人与人的差距是通过学习体现出来的。""学习是人处在逆境中最好的选择，只要肯学习，希望就更大、更有意义。"王蒙的作品影响了一代年轻人，刘洪一便是其中之一。刘洪一教授是时任深圳大学生党委书记、饶宗颐文化研究院院长。他告诉现场的师生，说，尽管王蒙作品中

犀利的思想和对现实的反思给他的生活带来了影响，此后王蒙先生又担任文化部长等行政职务，都未曾阻止他不断进行文学创作。"文学的重要性在于它对生命、对人类命运的思考，表现的普遍性、预言性思想。"刘洪一在分享自己的青春经历时，说自己在上大学期间就喜欢读王蒙的作品，文学对他产生了很大影响，文学背后有着深厚的历史、哲学积淀，甚至影响了自己学术主攻方向的选择。

回到之前，王干与王蒙有这样的对话，王干说："对话到今天，一些生命消逝了，一些作家的创作生命还很旺盛。看上去他的《明年我将衰老》就是一个反诘式的宣言式。"曾经有人采访问："是不是感觉到自己文才枯竭、提笔忘字、力不从心了？"王蒙："现在还年轻，'明年我将衰老。'"雄关漫道，人生豪迈。

这十年，王蒙在诸多的地方和不同的场合，无论是在湖北宜昌，在四川成都，在安徽的佛子岭水库边，还是在广东的大学课堂上，不论是在马来西亚，还是在香港，都讲到"永远的文学"这个话题。翻阅一下王蒙的工作日程，2015 年 5 月 28 日下午，王蒙以中国海洋大学顾问文学与传播学院名誉院长的身份在中国海洋大学崂山校区图书馆第二会议室为学校师生作题为"永远的文学"的讲座。中国海洋大学校长于志刚，王蒙夫人单三娅女士，当代诗人、四川大学教授周啸天，青岛诗人高伟、作家连谏等出席并一起聆听讲座。这是近十年来王蒙首谈"永远的文学",是这一个话题的发轫之端。

在这个讲座上,王蒙从"交通与温暖,世界不再陌生""记忆与提升,人生不再空虚""陪伴与洗礼,风暴不再恐惧""戴着镣铐的舞蹈,点到就好""心如涌泉,意如飘风""永远的文学,永远的问候"六个方面讲述了文学不老,永远年轻。王蒙说一个新生命的诞生,对周围世界的接触和认识,是从睡前母亲的故事开始的,而这种文学的存在,正是人类和陌生世界交通、靠近、命名的过程,而当下这种人生中最美好的体验正在消失。文学是一种挽留。王蒙认为,既是对人们青春岁月的挽留,也是对美好日子的挽留,更是对生活中酸甜苦辣的挽留,倘若没有文学,人类的生活就会很空虚。文学是不老的,人类可以通过文学创作来延长自己的生命,同时,这种用美丽的符号固化生活的美丽的过程,对作者而言也是一种提升。正是因为文学的存在,人类的生活和记忆才得以保留,并使情感有所寄托和提升。王蒙告诫广大师生,人的一生不可能一帆风顺,在遇到挫折和苦难的时候,文学是最好的陪伴和洗礼,它能给人以鼓励,让人坚强面对生活中的风暴,不会恐惧。在文学创作上,有时受外部环境和内心感受的影响可能不够洒脱,不能酣畅淋漓地写作,但也不必太苛责。在写作中抱以谨慎、克制的态度,话到笔端留三分,如同"戴着镣铐的舞蹈,点到就好",这也未尝不是一种创作的风格。王蒙表示,文学对人的精神能力的激发和调动也很惊人，有时会让作者达到"心如涌泉，意如飘风"的境界。文学会永远陪伴着人类，如果一个人还有一种文学的冲动，说明他充满了对生活和生命的热爱，加以努力也会开出奇葩。

这之后的王蒙不止一次地使用"永远的文学"作为演讲题目。2016 年 9 月 25 日，他提前一天住进广东外语外贸大学的学术交流中心，是为接受广外授予他名誉教授。这是他许多次中的其中一次了，但每一次这项仪式他都十分珍重、十分爱惜，同时他要用自己的行动证明无愧于这个美誉。26 日，上午接受聘任同时为广外的师生们作了"永远的文学"的演讲。27 日，王蒙又来到花城出版社，与有关负责同志一起参观王

2019 年 3 月 16 日，王蒙在湖北宜昌图书馆做"永远的文学"的讲座现场。

蒙写作中心的选址。3 月 12 日，王蒙先生再一次南下，在闽南师大文学院作"开学式主题"演讲，与师生畅谈"永远的文学"，讲自己是怎样接触文学的和文学是怎样在自己身上发生的，文学能抚慰冷漠的生命。这一次他把文学与政治、文学与爱情、文学与音乐等话题讲得十分生动而透彻。他说："文学作品对社会现实带来批判性，对人生带来控诉，要对社会进行大手术。""让暴风雨来得更猛烈些吧！"这句话出自高尔基写的《海燕》。这种时候要进行舔血的革命，甚至严重的刺伤。同样感动我的是文学和音乐上的结合就是《国际歌》，这是最后的斗争，团结起来到明天。我还要在这里告诉大家全世界最好的抒情散文于我来说就是《共产党宣言》，如果你看这个《共产党宣言》，你会发现它的整个的文学性，当然它已经不仅仅是个抒情散文了，它是共产主义运动的经典了。但它整个的文学性实在是太强了。"让资产阶级在我们面前发抖吧，无产阶级失去的是锁链，得到的是全世界。"无论如何我实在是想不起比这个更有煽动性、更有文学性的话语。青春时没有文学，爱情就只剩下本能；爱情可以是高尚、美好、文雅的，也可以是庸俗、琐碎、恶劣、阴谋、下流的。文学为爱情增添了美丽，文学修饰了爱情，提升了爱情，甚至装扮着爱情的趋向。文学具有理想性、批判性、审美性、超越性，使得不少经历了爱情失败的女性朋友们说"上了文学的当，被欺骗了"，这就是文学。写得好，会比生命更长久，要走得不知道多远，与人生不同的是作品不会变化。人生表现在作品里这是毫无疑问的，文学却不是人生的表现，它更集中、更强烈、更美好、更宽阔、更长久。它比人的一生要长得多。同年 10 月 28 日，在上海财经大学他仍然把"永远的文学"作为他给师生们授课的内容。11 月 19 日，他在赴马来西亚参加第 14 届马华文学奖的颁奖典礼的同时，为马来西亚总商会作了"永远的文学"讲座。2017 年 4 月 11 日，受西南民族大学邀请授课："永远的文学"；13 日，在成都电子科技大学，他更进一步地诠释了"永远的文学"，他说："我走进一些大学，常常有人问我文学有什么用。"面对文学实用性的问题，王蒙为同学们举了两个生动的例子：央视有一个节目，曾经试图根据文学名著中的内容来复原三国时期蜀汉丞相诸葛亮发明的运输工具"木牛流马"，最终却无法完成；《红楼梦》里王熙凤给刘姥姥讲过茄鲞的详细做法，但在实际生活中，照着相同的工序做出来的却是难以下咽的。显然，从制造工具的角度来看，文学确实比不上一张清晰的图纸。也许文学造不出"木牛流马"，也做不出"茄鲞"，但文学给人正直善良、恻隐之心等精神品质，给人明辨是非、判断真伪的精神能力，给人以敢于坚持、敢于创造的精神勇气。王蒙说，"不读文学和少读文学都是一种遗憾"。这之后的 7 月 8 日，在内蒙古自治区图书馆讲座"永远的文学"；9 月 25 日，在鲁迅文学院授课"永远的文学"；10 月 26 日，在江西省宜春市文联宜春学院做"永远的文学"讲座；31 日，在安徽省

霍山县政府做"永远的文学"讲座。2017 年这一年中，先后六
次去到不同的地方、面对不同的对象和不同文化层次的人们，
他始终重复这一个主题，这也许是王蒙对文学、对文学事业、
对人们给予文学的怀想以及文学给予人类的反哺，作出了深刻
的阐述。2018 年 5 月 14 日，在中国现代文学馆为中国作协继
续做"永远的文学"讲座；2019 年 3 月 16 日，在湖北宜昌图书馆；
21 日，在绵阳市富乐国际学校；10 月，出席王蒙文学馆开馆
仪式暨"王蒙与中国当代文学"座谈会，人民出版社将此前王
蒙在这一方面的成果集成"永远的文学"，并趁此举行了新书
发布会。王蒙心心念念的"永远的文学"，他仿佛一直要讲下
去：2021 年 10 月 27 日，在首都师范大学；2022 年 10 月 26 日，
他又到湖南大学作"永远的文学"主题演讲，这里有著名的"千
年学府"岳麓书院，弦歌不绝，"惟楚有材，于斯为盛"。

关于文学之于人或人之于文学，王蒙跟王干谈到著名作家
宗璞时，说：

> 我记得 28 年前我们说过她的童话，我特别佩服她的童
> 话。后来她的视力接近半失明的状态，耳朵也够呛，身上
> 的病非常之多，就在这种情况下，一部部还都写得很精彩。
> 我觉得文学成为她身体的力量，精神的力量，甚至已
> 成为她活下去的理由。她仍然觉得活得很有趣，活着很重
> 要，我能写文啊。文学跟她的生命完全结合起来了。

宗璞尚且如此，文学之于王蒙何尝又不是呢？正是因为他也把文学植入自己的生命之中，所以他才能经历了伟大也能咀嚼着渺小，他才能如此地随心所欲和一往情深。王蒙曾说过："小说比人生更长。"也正是因为如此，王蒙谈文化自信、文明互鉴，也从文学入手或结合文学去把里面深奥的道理揭示出来，让不同人生阅历的人、让那些在不同文化和文明背景中成长的人，都能在王蒙的文学演绎中理解中国文化和中华文明。王蒙自己曾经就说过："好多东西都是文学。历史也是文学。""我感觉中国古代恰恰是把文学当作一种形式，所谓'言之无文，行之不远'。"如今王蒙在文明、文学和文化的旨趣和治学，让人从中多少体会到王国维有关治学的三重境界，即：从"昨夜西风凋碧树。独上高楼，望尽天涯路"的悬思，到"衣带渐宽终不悔，为伊消得人憔悴"般的苦索，最后一重顿悟在"众里寻他千百度，蓦然回首，那人却在灯火阑珊处"。王国维是将言情爱话相思的诗句推演到治学的范畴并赋予其深刻的含义，而王蒙，于文明、文学、文化，就是爱之深、思之切、恋之苦、见之乐。

八十岁前的王蒙，到过世界上 54 个国家。他在《王蒙八十自述》里专门用一个折页的形式将自己曾经出访过的国家，用时间顺序在世界地图上作了标示。细心的读者一定会发现：王蒙从未踏足过中南美洲。也许这是一个遗憾，但这个遗憾只要生命不息就会弥补垂成的。而这十年，王蒙因传播文化的使命，在那片令人神往的地方，留下了他播撒文化的汗水和足印，也丰富了王蒙在世界文学版图上的踪迹，也少了一份遗憾。就像在自己的祖国一样，他的足迹也是深深地烙在各地，无论大江南北，无论天涯海角。2015 年 1 月，北方还是冰天雪地，而王蒙就启程南下了。他搭乘"三沙 1 号"上了海岛，应聘为三沙市人民政府顾问，这应该是他到达的祖国最南端了。也许有一天，他会再向南，一路劈波斩浪来到祖国的最南端曾母暗沙。王蒙想，有一天能在曾母暗沙这个神秘的地方驻足停留，亲近一次那里的沙滩、海水，那会是一件多么惬意的事。这位爱自己的祖国就像爱自己的生命一样的老人，就是这样的可敬可爱。

王蒙，是一个挚爱、躬行、播撒中国文化的幸福安详的老头。2023 年 6 月 13 日上午，王蒙登上"王蒙先生文化专题报告会"的讲坛，他结合自身丰富的人生阅历和在新疆工作生活的切身体会，以独特的视角和广阔的视野，围绕共同的价值追求、中华民族共同体文化、民俗生活习惯、对和谐美好生活的向往四个方面，详尽地阐释了中华民族的文化根基并深入浅出地讲解了中华民族几千年生生不息、持续发展的文化成因。他仍然坚守，仍然是这样的执着！

九、聚学为海建书屋

几十年来，王蒙还遂人愿地做了一些功德无量事，就是把自己的影响力加持给相关的地方，建立文学院、书屋等。迄今，在他家乡河北沧州有一座王蒙文学院；在青岛的中国海洋大学有一所王蒙文学研究所。2013年5月，王蒙在自己劳动过的地方，新疆维吾尔自治区伊犁哈萨克自治州伊宁市巴彦岱镇建立了"王蒙书屋"。2014年5月，他和夫人一起到四川绵阳，出席在四川音乐学院绵阳艺术学院落成的以王蒙命名的"王蒙文学艺术馆"开馆仪式。王蒙曾对记者朋友说过："起先，我也反对盖这楼、那楼的。但后来我想明白了，这楼虽以我名字命名，但不是盖楼给我个人，而是给文学艺术盖的。就如'王老吉凉茶'喝的是特色凉茶，而不是'王老吉'、去'阿凡提餐厅'，吃的是新疆菜，而不是'阿凡提'！当然，以我之名给文艺馆命名，我也高兴。就如我之名'蒙'，乃大文学家何其芳取自法国名著'茶花女'里热爱文学的男主角阿芒……"

在国外，也流行以著名作家命名的这个写作中心，那个写作计划。几十年前，王蒙自己也曾漂洋过海地到大洋彼岸，在

2018 年 10 月 22 日，位于河北沧州南皮县的王蒙馆开馆。

美国衣阿华大学参加"国际写作计划"（IWP）。IWP 的主持人是旅美华人、作家聂华苓，这个计划也是由她与丈夫安格尔共同创立的。美国中部的艾奥瓦州的艾奥瓦城，对大多数中国人来说，算不上什么著名的城市，至少不是中国人必选的旅游目的地，但"爱荷华城"这个中文译名在中文文学世界里则是闻名遐迩。20 世纪 60 年代创办的"国际写作计划"，在我国改革开放以来，一代代、一批批的中国作家进入来到这里学习、交流、创作，迄今已 40 多年了。艾奥瓦城迪比克大街 1104 号，一座叫"安寓"的位于半山腰的二层小楼，粉墙上一块镀金的门牌渐渐地褪去了原始的颜色。这里是聂华苓夫妇的家，这里也是中国文人的文化"故园"。王蒙是 1980 年 8 月至 12 月因

1980年秋，王蒙（右一）和艾青（左二）被邀请去美国参加衣阿华大学"国际写作计划"。在聂华苓（右三）家与香港作家、《七十年代》杂志创办人李怡（右二）、台湾诗人吴晟（左一）欢聚一堂。

参加这个"国际写作计划"来到这里的。

四个月的时间里，王蒙在这里不仅完成了写作计划的课程，出了一批成果，还结识了一批国际以及华人朋友。王蒙觉得"至今忘不了的是美国秋天的红叶，主要是枫，看来美洲的枫树又多又好，红得那样干净，红得那样多彩多姿，红得那样醉人。"然而，他"在美国思念新疆草原"。若不是在美国写作和归来后的积淀，这样的文学意象又怎会出现在王蒙的视野里呢。至今，在我国当代文学花园里，一批盛开的"鲜花"就曾在这里接受过"剪裁、修枝"以及喷施和吸收营养，如今风头正劲、花枝招展，像王安忆、迟子建、刘恒、莫言、苏童、毕飞宇等。迟子建曾感慨地说：艾奥瓦的这扇文学之窗，"是中国作家开始走向世界舞台的一扇窗。"应该说王蒙受益于这样的一个方式，他所愿意开办的文学馆、书屋等，是否受到如此的启发，人们不得而知；但这一形式的开办和持续的贡献力量，期待着能够达成同样的效果。撒下的种子，总会生根、发芽、开花、结果的。

王蒙同意开办的文艺馆、书屋等，并不是他沽名钓誉或是什么心血来潮，国外有相类似的形式存在，国内自古以来也有功能相近、称呼不同的所在。古来圣贤，都是与书院相关。细察历史，书院最初就是读书的书楼，是"修书之地""藏书之楼"。《全唐诗》里提及的书院有 14 所，而唐代书院见诸于地方志的有 40 所。历来书院的名称都是十分的雅致，也有用历史上著名的人物来命名书院的，如信阳州的子贡书院。子贡曾任信阳令、信阳宰，是孔子最亲近的学生之一。用他们的名字来命名书院，旨在仰望先贤，激励后人。这些地方不仅展现了历史习俗，还留下了宝贵的书院文化。中国历史上的四大书院，将那些著名的执教和著名的学生一一排排位次，那真是中华文化星河中一颗颗光彩熠熠的星星：范仲淹、程颢、程颐、司马光、苏轼、周敦颐、朱熹以及欧阳修、王安石、曾巩，等等。正如范仲淹在执掌应天书院时所作的《南京书院题名记》中所记的那样"聚学为海，则九河我吞，百谷我尊；淬词为锋，则浮云我决，良玉我切"。足见当年的博雅和恢宏的气势。自古以来，中国人一等一地都把读书当作大事，无论哪朝哪代都讲究诗礼传家，"风声雨声读书声声声入耳，家事国事天下事事事关心"。书院自唐代出现殆及明清，在千百年的历史流转中，像燃烧着的文明和思想的火炬，至今光耀中华。除了国外有实际的案例，其实今天在我们国家有许多以个人的名义开办这类机构。同时这也并不是人文学者的"专利"，作家办书屋如同科学家们办研究中心，像杨振宁、陈省身、丘成桐等这些蜚声海外的大科学家也回到祖国办物理、数学等研究中心，有的甚至放弃了外国的国籍。王蒙和他们一样，都胸怀一颗赤子之心，为国家的振兴、民族的复兴而出力。

开办"王蒙书屋"和"王蒙文学艺术馆"一事，王蒙是慎重对待的。2013 年 1 月 16 日，这是一年的开局之际，王蒙就登门与中国作协书记处书记李冰同志就这个问题进行了专门交流交谈，当然也是期冀能够让好事办好、名正言顺起来呀。2013 年 5 月 20 至 28 日，王蒙亲赴巴彦岱这个让他一辈子都魂牵梦萦的地方，出席"王蒙书屋"的落成并向王蒙书屋捐赠图书的仪式。晚上，为欢迎他举办了歌舞晚会。当他看到曾一起劳动的乡亲们以及他们的后生，用美丽的歌喉礼赞王蒙的行动，用奔放的民族舞蹈欢迎"老王"回家，只有王蒙才能感受到琢磨出农牧民们的心思。不怪 2016 年 6 月 10 日，他在香港中央图书馆演讲时，用"放逐与奇缘"这个词组来向朋友们讲述属于王蒙的"我的新疆十六年"。是呀，王蒙在新疆16年，而与巴彦岱的老乡一起生活了6年，一起劳动，一起欢笑与苦恼。那一天，秘书彭世团用镜头记录下了王蒙与原二大队政治队长艾拜杜拉交谈的场面，将他们的亲密无间永远地定格下来。想想那么多年的风风雨雨、沟沟坎坎，王蒙的脑海忽然间浮现一句宋词：此心安处是吾乡。这句出自苏东坡为一位叫宇文柔奴填下的《定风波》一词，与自己及朋友遭遇贬谪、冤狱等不幸有关。苏东坡的老友王巩，仕途不顺，被贬岭南宾州（今广西宾阳县）一带做官，亲朋无一字，老病有孤舟。只有侍妾寓娘（又名柔奴）不离不弃，红尘做伴，与王巩相濡以沫，共同走过了人生低谷的日子。数年之后，王巩回到京城开封，苏东坡设宴招待。席间，苏东坡便问柔奴：岭南那边生活很艰苦吧？这些年辛苦你了。柔奴直接回了一句：不苦，心安之地就是我的故乡，没啥苦不苦的。苏东坡感动于这位寓娘对好友的生死相依。于是他即兴赋诗一首《定风波·南海归赠王定国侍人寓娘》：

常羡人间琢玉郎，天应乞与点酥娘。尽道清歌传皓齿，风起，雪飞炎海变清凉。万里归来颜愈少，微笑，笑时犹带岭梅香。试问岭南应不好，却道：此心安处是吾乡。

苏东坡被贬谪到广东高山大庾岭以南是在公元 1094 年的时候。他穿过美丽的乡野，经过高山深谷，看尽了动人心神的急流，跋涉 1500 里从中国的北部走到中国的南部。住到嘉祐寺之后的苏东坡，恢复到了"依然故我"的状态，于是乎给朋友写信说：来此半年，已服水土，一心无挂虑，因为已经乐天知命。苏东坡一生命运多舛，以后又因故远谪海南岛。事实上他也遇到了多年后随他一同前往惠州的朝云，便以她短暂的一生，为苏东坡的惠州之行增添了许多浪漫的色彩。正是"国家不幸诗家幸，赋到沧桑句便工。"同是天涯沦落人，唐代的白居易也有一句类似的诗句："无论海角与天涯，大抵心安即是家。"那时的苏东坡想到了苏武，苏武被匈奴单于流放到漠北，从未想到在人生的暮年还能回到中国。如今的王蒙也曾带着一家人出北京、回北京，今天下午的一切似乎是在重复昨天的故事。但他更是倾向于另一位宋代词人辛弃疾，管他宦海沉浮、理想无望，辛弃疾就刻下了这样坚定的人生基调："从来诗剑最风流，何须赋词强说愁！"王蒙豪情万丈地写道："嘉峪关前风嗥狼，云天瀚海两茫茫。边山漫漫京华远，笑问何时入我疆。"2023 年，距离他当年远赴新疆已经 60 年了。是的，漫长的人生，总是一天一天地走过；晨昏朝夕，怎可能尽是金戈铁马、激情飞扬？此时此景，再拟合个人的人生经历，王蒙穿越着历史的时空，对应命运相似的历史人物、历史过往，不能不为过去、今天而感动和共鸣。从某种意义上来看，当代歌手姜育恒的《跟往事干杯》多少会给那些装着痛苦的人一些心里的救赎，你听：

跟往事干杯

人生际遇就像酒

有的苦　有的烈

这样的滋味

你我早晚要体会

也许那伤口还流着血

也许那眼角还有泪

现在的你让我陪你

喝一杯

干杯　朋友

就让那一切成流水

把那往事

把那往事当作一场宿醉

明日的酒杯莫再要装着昨天的伤悲

请与我举起杯

跟往事干杯

"羊有跪乳之恩，鸦有反哺之义"。巴彦岱，给了王蒙取之不尽的创作源泉，他要用自己未来的日子和文学养分回馈这个地方、滋养这个地方。巴彦岱的"王蒙书屋"占地面积5.5亩，建筑面积 800 平方米，临近 218 国道，交通便利。书屋的主体部分分为上下两层，一楼为三个大厅，主要陈列王蒙的主要著作、图片和珍贵的手稿、文字说明。"王蒙书屋"现已不仅仅是一个书屋或图书馆的存在，而且还是当地农牧民的文化活动中心、休闲娱乐中心，更是伊犁的一个著名的文化符号。就像作家阿来讲迟子建跟黑龙江一样："有了如迟子建一系列文字的书写，黑龙江岸上这片广大的黑土地，也才成为中国人意识中真实可触的、血肉丰满的真实存在。"

2014 年 5 月 1 日，王蒙文学艺术馆在绵阳开馆，这是一幢高 6 层，面积达 8000 多平方米的建筑物。王蒙携夫人、众多文朋诗友，一起参加了开馆仪式。王蒙表示，能用王蒙这个符号和这栋大楼，与绵阳这样一个历史文化科技之城相联感到荣幸，也可以此为"据点"，出来逛逛，进工厂，到农村。当天晚上，绵阳艺术学院为王蒙文学艺术馆的开馆举办了"青春万岁"文艺晚会，著名表演艺术家焦晃、著名女高音歌唱家迪里拜尔在晚会上亮相献艺；王蒙也兴致盎然地登台，和大学生们一起载歌载舞，现场的人们，台上台下一起沉浸于欢乐的海洋中。因为，这是人们在庆祝这个科技之城建起了一座展现城市人文魅力的丰碑。

几年之前，王蒙曾婉拒这个学院向他提出以自己的名字来命名这个文学艺术馆的请求，他说自己不过只是一个普通的作家。但他认为应该将文化艺术的火炬传给下一代，更愿意为促进西部文化艺术事业的繁荣、为培养文化新人作出自己的贡献。他不止一次到过绵阳，无论是到大学讲学，还是走进社会讲堂进行讲座、演讲，热爱文学的绵阳人尤其是大学生对文学的痴迷、对文化的崇敬，还有对他作品的珍爱，都深深地打动着王蒙。直到 2010 年底，王蒙经过反复的斟酌，才同意这个馆以他的名字命名。这之后，投资兴建王蒙文学艺术馆的工程才正式步入正轨。王蒙文学艺术馆地面的 1 层至 3 层为现代化展厅，按美术博物馆的要求设计，每层面积约 900 平方米，可接待国内外高水平的美术展览和活动。第 4 层为王蒙的专题陈列厅。第 5 层有 500 平方米的数字阅览室和图书室，内有王蒙先生作品专架和藏书专架，并将国家图书馆的数字端口接入该馆的电子阅览室，实现与国家图书馆资源共享。还有 400 平方米的珍品藏品库房，100 平方米的影像室，设有专家、学者工作室，供专家学者进行研究和创作。五月的绵阳，蓝天白云下，绿树环绕中，高大典雅的王蒙文学艺术馆，在阳光下格外引人注目。王蒙夫妇在有关人员的陪同下走进该楼第四层，映入眼帘的是"青山未老——王蒙的艺术与人生"陈列。这个专题陈列厅的展陈和陈列柜的实物包括：王蒙著作、研究王蒙的专家著作等 5000 余册，王蒙的学习、生活、工作物品等 2000 余件。该陈列介绍了王蒙的文学道路和人生经历；还分八个专题，介绍王蒙的政治情怀、爱情婚姻等工作与生活侧面；同时根据王蒙的人生经历，设计制作了马特洛索夫夏令营、虚掩的土屋小院、书房三个场景。在这里，参观者还可以看到王蒙创作的小说《青春万岁》的 10 种外文版本。有趣的是，他们还收集到王蒙于 1993 年在台湾购买的一个旅行箱，见证着王蒙到过的几十个国家和地区，是一个承载着王蒙感情的珍贵物件。

南皮是王蒙的祖居地。王蒙 1934 年出生在北平的沙滩，一岁多的时候回到河北沧州南皮县潞灌乡龙堂村老家。据王蒙在"自传"的第一部描述，他被父母带回老家是他有生以来的第一个深刻的记忆，不过对奶奶的去世已经因为时间的久远而越来越模糊了。"我断定，我是先学会了说沧州—南皮话，后来上学才接受了北京话的……"1984 年，是他长大后第一次回南皮。那时，他正开始写另一部长篇小说《活动变人形》，王蒙说，书里人物的家乡，会促使他常常想起自己的家乡南皮，也会泛起乡愁，像是鲁迅笔下的"故乡"。故乡，对一个人来说，包含着悲哀、屈辱、茫然与亲切、热烈，还有就是蚀骨的认同。2017 年，全县脱贫摘帽。2018 年，全县发生了翻天覆地的变化，变得幸福、富饶、美丽、生机勃勃！这年的 10 月，王蒙在家乡南皮出席王蒙馆的开馆仪式。王蒙馆，这是家乡给予一位作家隆重又崇高的礼遇，同时也记录、承载了王蒙波澜壮阔的艺术人生。王蒙馆位于南皮县文化艺术展览中心，为仿古式建筑，其展陈面积近 2000 平方米，展区分为王蒙文学馆、青春万岁书苑和王蒙艺术馆三部分。王蒙文学馆主要展示王蒙的文学成就，采取文字图片、实物、场景再现以及运用声、光、电等现代科技立体化形式，展现王蒙作为中国当代文学的拓荒者、探索者、引领者形象，用笔记录共和国历史的辉煌成就；以王蒙长篇小说《青春万岁》命名的"青春万岁书苑"，收藏了包括王蒙著作在内的书籍三万余册……故乡于王蒙，铭刻下这样热烈又深沉的情感。而在家乡人的眼里，也有着各自对王蒙的记录与解读。龙堂村的支书齐玉堂特别爱听王蒙用家乡话说的"俺是南皮县龙堂村人。"齐玉堂记得，王蒙特意要老家的梨树苗，他和乡亲们送到了县里转交。王蒙还曾特意让人从家乡的老屋里挖一把泥土带到北京。不怪王蒙写下这样的句子：故乡是一个生死攸关的词儿。

2023 年 5 月 22 日，在有着"文学之乡"美誉的湖南益阳，王蒙应邀来到这里参加中国作家协会作家活动周、中国作家益阳文学周开幕式。这一天是王蒙成为中国作家协会会员的第 15946 天，在开幕式的现场会，他收到了他专属的"入会纪念牌"，上面镌刻着他成为中国作家协会会员的天数，也铭刻着他与广大读者心血相通的情谊。在益阳的清溪村，建有以王蒙等著名作家名字命名的书屋。清溪村是老一代著名作家周立波的家乡，也是他的长篇小说代表作《山乡巨变》的创作背景地。

"王蒙清溪书屋"是 2022 年 8 月湖南出版投资控股集团在中国作家协会指导下，首批捐建的三座书屋（立波清溪书屋、作家出版社清溪书屋、王蒙清溪书屋）之一。在清溪村里民宿一楼，古朴静谧。118平方米的书屋里，陈列着他人生各个阶段的作品，还复原了很多"记忆点"。当王蒙穿过茅草门，踏上草色掩映的石阶进入木制大门时，他亲切地笑了，望着书屋里的场景陈设，一切是那么的熟悉。左侧，写着"热爱知识"的黑板、立在黑板旁的三角尺、具有年代感的课桌，这分明是《青春万岁》电影中北京女七中的教室场景；20世纪80年代他的创作工作场景，以及生活创作的老照片、书籍陈列等，这些"留痕"瞬间将他拉回记忆深处，让他驻足停留许久。王蒙进门的第一眼，便望见自己的艺术写意形象画，当看到画像旁"人民，是我写作的最大动力"时，他凑得很近，这是他在新中国成立70周年获得"人民艺术家"称号时给出的答案。他几乎在每个记忆点驻足停留，碰到有老照片、老物件的地方，他扶一扶眼镜，看得更细致。书屋里画家罗雪村为王蒙所作的一幅速写，传神得让王蒙会心地笑了。不过，陪他同行的夫人却是愈加细致周到，看着画像赶忙上前向工作人员询问是谁画的，一听是罗雪村，她连忙请工作人员加上作者名字。参观完书屋陈设，王蒙在书屋茶歇，他对益阳的小食赞不绝口。尤其是喝到益阳擂茶时，他搅动勺子，喝了一大口擂茶，当品出里面有姜味时，很兴奋地说道："我就喜欢这姜味儿。"

当地的媒体报道：早在几天前，王蒙要来益阳的消息一经传出，湖湘大地这片以经世致用为文章正脉的土地上，青春的热血涌动，文学爱好者从四面八方奔涌而至。人民的艺术家为人民而来，人民也会奔着他们的艺术家而去。这真是一场美好而走心的双向奔赴：为了文学。

　　人间四月天，泰州最美时。凤城河岸，杨柳依依，洋溢着这个季节里最美的清韵。王蒙再一次地莅临泰州，主要的是为他的忘年交王干在家乡创设的"王干书屋"揭牌。王蒙希望王干的家乡以"王干书屋"为新的起点，掀起一波新的文学阅读热潮，凝聚起文化发展的磅礴力量。为此，王蒙说书屋的建立不是一个人成就的盖棺定论的东西，而是一个起点。他认为王干成绩很好，但是还有 70% 的空间需要去努力，要拼命地干，要对得起这个书屋。这是对年轻人的劝告，更是对自己的鞭

2023 年 4 月 10 日上午，王蒙（中）、王干（右）和章剑华（左）在"王干书屋"揭牌仪式上合影

策。王蒙就是这样的努力，不断地丰满着自己的成就，也不断地丰富着他的文艺馆、研究所、书屋等，因为这些地方不仅仅是一个承载物，还是一个书香飘溢的人文空间，属于那些热爱文学艺术、热爱生活与阅读、热爱你的作品的读者和学人。所以，这十年中，他建书屋，他更是想把书屋丰富起来，让一个沉默的空间活动起来，变成有人参与和互动的平台。巴彦岱的"王蒙书屋"建起来了，王蒙利用到新疆的机会，2017年6月和2019年5月，再访巴彦岱，出席有关单位向书屋捐赠图书仪式。而每一次的到访，他总忘不了他的老友卡力·木拉克、尤里达西·吾休尔、金国柱等，见见面，叙叙旧，往事值得他们回味，对他们这一代人来说，王蒙是他们一生中难得的挚友，他们也愿担起王蒙给予的嘱托。南皮老家的"王蒙书屋"也建好了，他也一次又一次地回到故乡南皮。有"王蒙书屋"在，王蒙就永远在大伙儿中间，在巴彦岱这个美丽的第二家乡，在南皮忘不了的这个原生的故乡，还有那些和王蒙关联的地方。

王蒙的作品影响力越来越大，他的《活动变人形》被改编为舞台剧，引起人们的关注。

"羊屄屄蛋，上脚搓，俺是你兄弟，你是俺哥，打壶酒，咱俩喝，喝醉了，打老婆。打死（读sa）老婆怎么过？有钱的（读di），再说个。（注：河北南皮人称娶媳妇为说个媳妇）没（读mú）钱的，背上鼓子唱秧歌。"

2023 年 4 月 20 日，上海·静安现代戏剧谷，大宁剧院里响起一段摄人心魄的民谣，响彻剧院的四方；苍劲而嘶哑的声音，令现场观众惊愕而好奇。这是王蒙以本人的声音，在舞台剧《活动变人形》第一幕中哼唱的一段远方的民谣。那种沧桑感的声音，穿透了剧场内外。王蒙的舞台首秀，不仅是王蒙艺术履历中独特的一笔，也助力这部剧成为开幕大戏，拉开了2023 上海·静安现代戏剧谷的序幕。这部剧改编自王蒙的同名长篇小说，折射出传统与现代、东方与西方的思考与碰撞，曾获第十七届中国文化艺术政府奖文华导演奖，是一部原创的精品大制作。小说《活动变人形》是 20 世纪中国知识分子心灵历程的缩影，更是作家对于现代之路与人文精神的回应。故事以儿子倪藻的视角展开叙述，其父倪吾诚高昂着理想却又行动力孱弱。"活动变人形"是书中倪吾诚送给儿子倪藻的一个日本玩具，它的外观像一本书，但每张内页都被分割为三部分，每部分分别绘制了头、身、腿。翻动其中一部分，可以为人物变换形象。王蒙借这一玩具，隐喻书中人的精神困境："每个人都可以说是由三部分组成的：他的欲望、希望、理想，是他的头；他的本领、行为、成就，是他的身；他的环境、地位是他的腿。这三者能和谐，哪怕只是彼此相容，他就能活，也许还活得不错。不然，只有烦恼、痛苦。"舞台剧《活动变人形》由李伯男导演、温方伊编剧，主演张露曾获选"壹戏剧大赏""年度最佳女演员"。剧目自首演以来收获了专业领域众多重要奖项。舞台剧《活动变人形》由中国对外文化集团有限公司出品，由中演演出院线发展有限责任公司总制作，由广州大剧院、北京中演四海文化传播有限责任公司执行制作。此轮演出也是《活动变人形》的上海首演。2023 年 5 月 8 日晚，2023 上海·静安现代戏剧谷"壹戏剧大赏"颁奖典礼在上海话剧艺术中心举行，经过激烈角逐，《活动变人形》从众多作品中脱颖而出，摘得"年度大戏"桂冠。上海·静安现代戏剧谷"壹戏剧大赏"是华语地区重要戏剧奖项之一，被誉为中国的"托尼奖"。

温方伊说，《活动变人形》并没有将悲剧归咎于某一个人

《活动变人形》剧照

或某一类人，而是详细描写了社会转型时期个人与家庭的"变形"，以及"变形"过程中的悲剧。剧中主人公倪吾诚与姜静宜的新旧观念对抗，落实在生活中，便是家庭权力的争夺。在舞台化处理过程中，李伯男延续了原作中子审父这一视角，完成了对倪吾诚一生的评价。舞美冷峻简洁，在黑白色调笼罩的环境之中，看不到多少真正的温暖光亮，本应是同盟的男女两性，却变成敌人；本应是栖息港湾的家庭，却变成硝烟战场。故事里有遥远的过往、痛苦的隐藏，李伯男正是被这种独特的魅力和价值打动，他说，"透过本剧的创排和上演，引导观众对自己所处的人生境遇进行理性审视，以求达到让观众在同故事主人公命运的共鸣与共情中实现反思。"舞台之上，舞美设计采用旋转木马式的主舞台结构将主人公倪吾诚的荒唐人生具象化地呈现，

《活动变人形》海报

并通过三重空间的建立展开了一幅中式婚姻生活的图卷。转台上、镜框内、镜框外，构成了多重视角。既有倪吾诚的，也有他之外角色的，还有观众的，用一个跳进跳出式的空间结构，打造出具有强烈的思辨和反思气质的舞台空间。这可能让小说家也会为之打动的。

王蒙曾说，"《活动变人形》是我流着血、撕裂着灵魂写的，这辈子我从未这样苦地写作一本书"。小说固然获得了巨大的成功，最大的特点就是对历史的对现代性的反刍。因此刘再复曾高度评价：《活动变人形》是一部经得起推敲、经得起人们用多种尺度加以密集检验的作品。小说具有独特的语言魅力，其语言充满一种散文味和诗意混合的抒情色彩；小说整体上通过细节展示了一种心理化的描写方法；同时以一种特别的心理结构，使这部小说的结构跳出了传统长篇小说的情节结构模式。这种探索式的作品，从小说向戏剧转身的过程，显然是要耗费了艺术家们的心智，而且迫切需要原作的创作者王蒙的加持。

从《青春万岁》与电影结缘到第一部舞台剧《活动变人形》首演、在全国轮演，王蒙又一次实现新的跨界。对话剧的迷恋，要从他喜欢曹禺先生的《雷雨》说起，除了情节，王蒙对话剧中的台词非常着迷，例如，鲁妈见到周朴园时的那句："我记得，那个时候我们还没有用洋火呢。"还有剧中火车警笛的声音细节，王蒙说，每听到此，真是扎心，也不知道为什么。王蒙曾坦言，小时候想过写话剧，但是失败了，没人演。他甚至干了一件大事，把自己的话剧剧本给曹禺先生寄了去，曹禺还接见了王蒙并请他一起吃了顿午饭。王蒙记忆犹新，说那顿午饭有冬瓜丸子；饭间，还给了王蒙有关话剧创作方法方面终生难忘的教诲。上一次与戏剧结缘，应该要追溯到离开伊犁回到乌鲁木齐的那段日子，王蒙几次被吸收到自治区文化局"调演办公室"，为了完成上级调演任务，他接触过许多剧本和曲艺文字稿。显然这是要搞戏剧创作了，奉命唯谨，如履薄冰，战战兢兢。这一次面对这样的一种跨界，王蒙也在细心地揣摩，从主题到结构、从原作中的人物表现到剧本里的人物选择，特别是人物的舞台呈现与小说中人物的对应，还有人物的语言特色，小说语言到戏剧语言的精妙绝伦的转换，声音和舞台表演、舞美制作，等等。如此的二度创作，王蒙是要绞尽脑汁的。据媒体报道，2019 年 10 月开始启动《活动变人形》的舞台剧改编；2020 年 11 月，王蒙亲赴广州，与导演编剧沟通《活动变人形》的改编事宜。从小说的个体化劳动，进入到戏剧的集体协同。对剧本的改编，王蒙除了给予创作方面的支持，并表示十分的满意，同时还对巡演给予高度关注。这个过程，经过了三年的孕育，比起十月怀胎还要漫长和痛苦许多。一朝分娩，也让人畅快许多。舞台剧《活动变人形》全球首演于 2021 年 8 月 20—22 日在北京天桥艺术中心大剧场进行，连演三场。前一天，王蒙中断在北戴河的休假，急匆匆地赶回北京，20 日晚上如约到天桥剧场观赏了《活动变人形》的首场演出，随后又在广州、佛山、泉州、南京、上海等地与全国观众陆续见面。一场一场地演，一场一场的座无虚席，一批又一批的观众被演出打动。戏，演活了，演得让人跺脚，引起不同的解释和观演的欲望。这样下来，王蒙也是在追剧的过程中愈加地喜欢这部戏。不少的年轻人，在观演之后主动找来小说进行补课。舞台作品给了他们很多的感动和视听方面的冲击，因为这些年轻的观众，从舞台剧观赏中受了感动再回到名著里寻求小说语言的养分进行沉浸般地吮吸，把两个审美的过程结合起来进行深度的思考，无论从哪个方面讲，都是成功的、有益的。

为纪念"人民艺术家"王蒙从事文学创作七十周年，根据王蒙小说改编的舞台剧《活动变人形》于 2023 年 8 月 24—27 日，再次回到北京并亮相 2023 年国家大剧院国际戏剧季。国家大剧院位于北京天安门广场的西侧，是中国国家表演艺术的最高殿堂。25 日晚，天安门华灯初上，中国国家表演艺术的最高殿堂国家大剧院璀璨夺目。水波荡漾的人工湖，清清的倒影里让人感到了大剧院薄薄的夜，仿佛也是《活动变人形》的夜，正是国家大剧院的王蒙之夜。波光与倒影交相辉映，金碧辉煌的国家大剧院透出别致的韵味。年近 90 岁的王蒙在家人的陪同下，与来自全国各地的观众一起观看了艺术家们精彩的表演。现场的王蒙，一直沉浸在剧情之中，并对应自己的小说感受着剧中的人物命运，与他们在心里对话，同频共振。他多次激动地表示："《活动变人形》里的那代人基本已经离我们远去，但他们还有眼泪没有流完，还有愿望期待后人实现。让这些文学形象在舞台上重生，我觉得是很有意义的事情。"应王蒙邀请，王干在现场观看这部剧后说："看《活动变人形》之后我们就明白了为什么中国共产党能够取得胜利，为什么中华人民共和国能够成立。看一看《活动变人形》也就知道，中国共产党是顺应民心、顺应老百姓的意愿，也顺应很多人的精神追求，所以《活动变人形》是一部共和国的前史。王蒙很了不得，他不但写了共和国历史，把前史也写了，所以我觉得《活动变人形》是非常重要的一部作品"。一部戏演三年，长盛不衰；一本书读数十载，叹为观止。从小说到舞台剧，《活动变人形》将成为人们心目中经典的记忆。

附录一　王蒙十年大事记

2013 年

1月5日　出席王蒙文学艺术馆举办的《中国天机》座谈会。

1月7日　在中央党校新疆班讲课。

1月16日　赴中国作家协会，与党组书记李冰谈举办"王蒙从事文学创作六十年"展览、《王蒙文集》《这边风景》出版、王蒙书屋和王蒙文学艺术馆落成及研讨会等问题。

1月22日　出席北京三联书店写作者联谊会。

1月30日　接受《中华英才》杂志采访。

2月17日　答复中共中央政治局常委刘云山2月1日关于王蒙小说《较量》的信。

2月26日至3月5日　在云南、湖北武汉等地举办讲座、发表演讲、参观考察。

3月11日　在文化部机关讲课。

3月20日　在腾讯书院以"这边风景——'文革'文学的困顿与反思"为题举行讲座。

3月24日至4月2日　在浙江宁波出席浙江农林大学文

学院"王蒙作品与环境"研讨会并发表演讲。赴安徽省太湖县
图书馆演讲，参观赵朴初故里。前往河北省南皮县龙堂村，给
祖父王章峰扫墓。

4月6日 会见泰国公主诗琳通。

4月8日 出席泰国公主诗琳通举行的宴会。

4月9日 接受新疆生产建设兵团电视台采访，谈新疆文
化的记忆与对兵团文化建设的想法。

4月13日 接受中央电视台"文化大家"采访，谈《这边
风景》。

4月14日至17日 在香港中国文化院午餐文化讲座演讲
《我的文学人生》，与白先勇对谈。在海口出席图博会开幕式，
出席《这边风景》新书发布会。在杭州出席西湖读书节活动及
浙江文艺出版社成立三十周年研讨会。

4月17日 获中国作家出版集团2012年度优秀作家贡献奖。

4月24日 参观中国现代文学馆老舍捐赠展；在鲁迅文学院
讲课。

4月25日 出席黄济人新书《将军决战岂止在战场》全
本首发式。

5月7日至12日 在青岛中国海洋大学文新学院与青年
作家对谈"时代变局与80一代作家的文学选择"，在该校人
文讲坛演讲。赴台儿庄战役纪念馆参观。单三娅第一次陪同
出行。

5月18日　出席《文艺报》举办的《这边风景》出版研讨会。

5月20日至28日　在乌鲁木齐出席新疆维吾尔自治区人民政府参事室（文史馆）座谈会。出席第八届天山读书节启动仪式并讲话。出席《这边风景》读者见面会和新疆人民出版社《这边风景》维吾尔文版翻译启动仪式。参观迪里拜尔工作室、木卡姆乐团。受聘自治区文化顾问。给自治区厅级及以上干部讲"全球化与新疆文化建设"。出席伊宁市巴彦岱镇巴彦岱村王蒙书屋落成暨向王蒙书屋捐赠图书仪式、歌舞晚会。受聘伊犁师范学院客座教授。

6月3日至12日　出席随州海峡两岸炎帝神农文化高端论坛。在浙江工业大学出席"致青春——王蒙先生作品朗诵会"及"青春万岁——王蒙先生文学创作六十周年学术研讨会"并讲话。

6月15日　出席第四届中国传记文学优秀作品奖颁奖典礼。《王蒙自传》获奖。

6月16日至17日　出席滕州首届鲁班文化节活动并在传统文化高端讲座演讲。

6月25日至26日　在贵阳孔学堂出席"中华文化四海行"启动仪式并演讲。

6月29日　出席纪念钟敬文先生诞辰110周年座谈会。

6月30日　完成《八十自述》最后一章。

7月至8月　在中国作协北戴河创作之家创作长篇小说《闷与狂》。其间，接受《南方人物周刊》访谈。

9 月 15 日　中篇小说《悬疑的荒芜》获第六届《中国作家》"鄂尔多斯文学奖"，出席颁奖典礼。

9 月 27 日　在国家博物馆出席"青春万岁——王蒙文学生涯六十年"展览开幕式。

10 月 1 日　与单三娅结婚。

10 月 17 日　在河北省青年作家读书班演讲"《红楼梦》的几个案例"。

12 月 13 日　在中国海洋大学与中科院院士冯士筰、数学家方奇志对谈"数学与人文"。

12 月 16 日　出席人民文学出版社与东直门中学联合举办的"不同的时代，同样的青春——王蒙先生与青少年学生面对面"及《青春万岁》创作六十周年纪念活动。

2014 年

1 月 21 日　在北京参加《当代》杂志举办的主题活动并获"《当代》荣誉作家"称号。

2 月 23 日　在广州出席花城出版社主办的"文学的记忆——王蒙长篇小说《这边风景》研讨会"。

3 月 19 日　携新作《与庄共舞：人生的自救之道》在烟台新华书店参加读者见面会。

3 月 24 日　受聘为山东青年政治学院名誉教授。

3 月 25 日　在北京出席光明日报社和国家外文局举办的

活动。

4月19日　"王蒙文学生涯六十年"七省二市图书馆联展重庆站开展。

4月27日　出席人民文学出版社与中国现代文学馆主办的《王蒙文集》发布会暨王蒙创作研讨会。

5月1日　出席绵阳四川文化艺术学院王蒙文学艺术馆开馆仪式及系列学术活动。

5月24日　在中国现代文学馆出席马识途百岁书法展开幕式。

6月24日　在乌鲁木齐出席《这边风景》维吾尔文版出版座谈会。

7月1日　在中央党校新疆班讲课，谈中华文化生态与新疆各民族文化的重要地位、现代化与民族传统文化。

9月1日　出席"文学大时代：五代作家的跨时代对话暨王蒙最新长篇小说《闷与狂》首发仪式"。

10月15日　出席习近平总书记主持召开的文艺工作座谈会并发言。

10月18日至19日　出席中国海洋大学第三届"科学·人文·未来论坛"并担任论坛主席。

10月22日　出席中国海洋大学王蒙文学研究所主办的"王蒙最新双长篇小说学术研讨会"。

11月3日　在温州出席第二届"林斤澜短篇小说奖"颁奖

典礼，获"杰出短篇小说作家奖"。

12 月 27 日　出席国家博物馆举办的"吉光片羽——书法家写王蒙文句展"开幕式。

2015 年

1 月初　乘"三沙 1 号"去三沙市，应聘为三沙市人民政府顾问。

1 月 18 日　出席《天下归仁》新书发布会。

4 月 25 日　赴绵阳出席四川文化艺术学院王蒙文学艺术馆建馆一周年系列学术活动。

5 月 7 日　在台湾与新竹清华大学学子就"文学为谁而写"进行对话。

5 月 28 日至 30 日　在中国海洋大学演讲，出席该校第一届"行远"诗歌奖颁奖典礼及诗歌朗诵会。

6 月 27 日　出席北京师范大学—香港浸会大学联合国际学院（UIC）第七届毕业典礼兼荣誉院士颁授典礼，获聘荣誉院士。

8 月 16 日　第九届茅盾文学奖评选结果揭晓，《这边风景》获奖。

8 月 19 日　出席上海书展及"书香中国"上海周，参加《顾准追思录》新书发布会。

8 月 26 日　出席北京国际图书博览会举办的"新疆故

事——王蒙对话忘年交库尔班江"活动。

9月初　参加北非—西地中海邮轮游，游览了阿布扎比、迪拜、热那亚、米兰、庞贝、西西里、马耳他、巴塞罗那、马赛等地。

9月8日　出席由人民出版社主办的《李一氓回忆录》出版座谈会。

9月25日　当选第二十五届全国图书交易博览会"十大读书人物"之"读书致敬人物"。

9月29日　出席在中国现代文学馆举行的第九届茅盾文学奖颁奖典礼。

10月17日　在中央民族干部学院与在京学习考察的新疆伊宁市农村"四老"人员交流座谈。

11月3日　出席中国海洋大学主办的"这边风景——王蒙先生系列学术活动"，与《人民文学》主编施战军、中国作家协会创作研究部主任何向阳、《当代作家评论》主编高海涛围绕"文学的审美性和当代中国人的审美生活"进行对话。

11月23日　在开罗出席由中外文化交流中心、新世界出版社、开罗中国文化中心以及埃及最高文化委员会共同主办的讲座和库尔班江·赛买提《我从新疆来》作者见面会。

11月26日　在土耳其国家图书馆出席由中国文化部中外文化交流中心、新世界出版社联合主办的"《我从新疆来》——丝绸之路上的珍珠"作者见面会和土耳其文版新书发布会。

2016 年

4 月 15 日至 17 日　出席四川文化艺术学院系列学术活动和《奇葩奇葩处处哀》研讨会。

4 月 20 日至 25 日　出席中国海洋大学文化艺术节和驻校作家聘任仪式。

4 月 25 日至 26 日　出席江苏泗洪许辉文学馆揭牌仪式并作主题演讲。

4 月 29 日　出席中国艺术研究院主办的《林默涵文论》出版座谈会。

5 月 10 日至 12 日　在"娄底文化大讲堂"演讲。

6 月 2 日　出席国家创新与发展战略研究会与国家外文局共同举办的《读懂中国》丛书第一次作者会议。

6 月 10 日　在香港中央图书馆演讲"放逐与奇缘——我的新疆十六年"。

7 月　赴瑞士旅游。

8 月　在中国作家协会北戴河创作之家改稿。

9 月 8 日　在保利剧院观看《情暖天山》演出。

9 月 9 日至 15 日　应邀赴美访问洛杉矶和旧金山。

9 月 19 日　《人民日报》第七版登载署名文章《着眼民族复兴伟业　推进文化发展繁荣》。

9 月 22 日　《光明日报》第十一版登载署名文章《文化自信的历史经验与责任》。

9月26日 在广东外语外贸大学做"永远的文学"讲座,受聘该校名誉教授。

9月27日 花城出版社主要负责同志陪同参观王蒙写作中心选址。

9月28日 在恭王府接受美国《时代》周刊记者采访。

9月29日 应邀赴海军装备研究院做"文化自信"讲座。

10月8日至12日 赴山西考察,应邀为运城市委、山西大学等单位做"文化与自信"讲座。

10月19日 在中央党校北京石油管理干部学院分校做"文化与自信"讲座。

10月25日至26日 在南京江苏省政协做"文化与自信"讲座。

10月26日至28日 在上海参观刘海粟美术馆。参加"讲好中国故事"公共外交对话会。在上海财经大学做"永远的文学"讲座。

10月28日至31日 在青岛出席中国海洋大学"向经典致敬:王蒙《组织部来了个年轻人》发表60周年座谈会"。出席中国李商隐研究会第九届年会暨唐代文学学术研讨会。

11月8日 参加外文局《读懂中国》丛书第二次作者会议。

11月9日 在国家行政学院做"文化与自信"讲座。

11月12日 在北京师范大学观看新疆伊犁哈萨克族传统音乐展演。

11 月 16 日 《中国文化报》第三版登载《珍重与汲取——〈林默涵文论〉出版有感》。

11 月 18 日至 21 日 应马来西亚中华总商会邀请做"永远的文学"讲座，参加第 14 届马华文学奖颁奖典礼。赴马六甲参观文化机构。

11 月 30 日至 12 月 4 日 受文化部委托，应邀赴俄罗斯参加圣彼得堡国际文化论坛。参观冬宫、赴卡贝拉音乐厅欣赏纪念玛丽斯·蕾帕 80 周年大型音乐会——"舞蹈的生命"。参观斯莫尔尼宫、阿芙乐尔号巡洋舰和彼得保罗要塞。出席第五届圣彼得堡国际文化论坛全体会议，并作题为"我们要的是珍惜与弘扬文化传统的现代化"的演讲。

12 月 1 日 出席俄文化部长梅津斯基招待国外文化部长酒会及莫斯科爵士乐队专场音乐会和马林斯基交响乐团音乐会暨俄罗斯普罗科菲耶夫年闭幕式。2 日出席第五届圣彼得堡国际文化论坛开幕式，与俄文化部长梅津斯基亲切交谈并赠送梅津斯基俄文版长篇小说《活动变人形》。开幕式前与普京总统小范围会谈并做"中俄文化交流的历史意义"演讲。当天晚上在马琳新音乐厅会见马林斯基剧院艺术总监、国际指挥大师瓦莱里·捷杰耶夫。3 日上午参观普希金城、叶卡捷琳娜宫。

12 月 8 日 在中央党校做"文化与自信"讲座。

12 月 14 日至 15 日 应山东省社科联、山东广播电视台邀请赴泰安，发表《治国理政和传统文化》主题演讲。

12月15日至16日 赴深圳为文史馆党外参事馆员做"文化建设与文化调研"专题讲座。

12月17日 出席青海省军区原司令员尹武平将军散文作品研讨会。

12月20日 在人民日报社出席2016年"汉语盘点揭晓仪式"。

12月21日 在国家博物馆出席"美林的世界——韩美林八十大展"开幕式。

12月22日 出席"2016国家大剧院九周年院庆"活动。

12月26日 赴北京大学录制"说不完的《红楼梦》"。

2017年

1月9日 在国家图书馆受聘担任《中华传统文化百部经典》顾问。在东交民巷饭店出席文史馆馆员2016年度工作会议。

1月13日 在人民大会堂出席王任重诞辰100周年座谈会。

1月16日 在国家博物馆出席文化部春节团拜会。

2月6日 接受中央电视台关于乔羽的采访。

2月15日 为北京市金正资产投资经营公司做《红楼梦》讲座。

2月19日 在海淀图书城出席由浙江人民出版社出版的

《得民心 得天下：王蒙说〈孟子〉》发布会。

2月19日 出席中央党校"学习中办、国办《关于实施中华优秀传统文化传承发展工程的意见》座谈会"。

2月20日 在北京市大兴区"五维凤凰"演播厅接受《朗读者》录制采访

2月22日 应首都图书馆邀请参加首都市民系列阅读活动启动仪式并做"永远的阅读"讲座。

2月22日 赴中央文化管理干部学院做"永远的阅读"讲座。

3月27日 应中央国家机关工委老龄工作办公室邀请，为中央国家机关离退休干部做"道通为一'漫谈孔孟老庄'"讲座。

3月28日 应东南电视台邀请录制《中国正在说》节目。

3月29日 出席文史馆2017年文化建设与文化发展调研课题座谈会。

4月1日 应国家发展改革委团委邀请做"永远的阅读"讲座。

4月7日 应四川省公务员局邀请为"四川省公务员大讲堂"授课："文化与自信"。

4月9日 参观成都飞机工业（集团）有限责任公司。在四川省图书馆做"永远的阅读"演讲。

4月11日 应西南民族大学邀请授课："永远的文学"。

4月12日　参观乐山大佛、郭沫若故居、峨眉山大佛禅院。

4月13日　应电子科技大学（成都）邀请为"成电讲坛"授课："永远的文学"。

4月15日　在绵阳出席"一带一路文化交流展"开幕式暨王蒙文学艺术馆开馆三周年纪念活动。

4月17日　应四川省广元市政府邀请授课："永远的阅读"。

4月19日　应陕西行政学院邀请授课："文化与自信"。

4月24日　为国家行政学院第8期新疆领导干部培训班讲授"现代化与传统文化"课程。

4月26日　出席2017年孟子故里（邹城）母亲文化节开幕式。

4月28日　出席青岛大学"经典作家与中国现当代文学国际学术研讨会"开幕式；中国海洋大学"文学与我们的精神生活"作家、评论家圆桌对话。

5月3日　应文化部团委邀请，为文化部系统青年同志授课："李大钊与青春"。

5月7日　接受纪录片《宗璞》采访。

5月11日　应中国政协文史馆邀请授课："道通为一'漫谈孔孟老庄'"。

5月17日　应中国作协邀请为中国作协"文学照亮生活"全民公益大讲堂暨优秀文学作品诵读会授课："文学照亮

生活"。

5月19日 出席上海文史馆"传统文化与现代化——京派与海派文化的传承发展"座谈会。

5月21日 应中央文史馆邀请为"中华文化四海行走进湖南"活动授课:"道通为一'漫谈孔孟老庄'"。

5月25日、应邀为国家行政学院应急管理培训中心授课:"文化自信与软实力建设"。

6月1日 应民航局邀请授课:"道通为一"。受聘民航局老年大学名誉教授。

6月5日 在河北师范大学做"永远的文学"讲座。

6月10日 出席深圳福田区"2017王蒙文学精品有声阅读艺术节"开幕式。

6月12日 应中央党校国家机关分校邀请授课:"文化与自信"。

6月14日 出席中央文史馆"关于文明冲突与互鉴问题"讨论。

6月15日 为中央党校新疆班讲课。

6月18日至25日 走访伊宁市巴彦岱镇巴彦岱村老友,参观王蒙书屋和村史馆。接受库尔班江拍摄,调研且末县河东治沙站生态治沙工程等。

7月4日至9日 赴内蒙古自治区呼伦贝尔市考察;应内蒙古自治区图书馆邀请做"永远的文学"讲座。

7月10日　应人民日报社邀请授课："文化与自信"。

7月12日　赴北戴河中国作协创作之家。

8月3日　在北戴河接受人民日报社《环球人物》杂志采访。

8月10日　出席由花城出版社、《花城》杂志在广州举办的第六届花城文学奖颁奖仪式。《这边风景》荣获第六届花城文学奖特殊贡献奖。

8月15日　在北戴河接受鲁彦周专题片采访拍摄。《人民日报》第4版刊登署名文章《旧邦维新的文化自信》。

8月23日　应全国政协邀请在北戴河为全国政协地方政协干部做"文化与自信"讲座。

8月30日　应商务部邀请做"文化与自信"讲座。

9月12日　参加《锵锵三人行》节目录制。

9月16日　出席在北京师范大学举办的"全民·共建·共享"——健康中国高端论坛开幕式并作题为"健康的生活与健康的精神"的主旨演讲。

9月19日　出席中央文史馆、光明日报社举办的第四届国学论坛，并作大会发言。

9月23日　出席"2017在京维吾尔青年论坛"并做"我记忆中的新疆与维吾尔文化"讲座。

9月25日　在鲁迅文学院授课："永远的文学"。

9月26日　《光明日报》第16版刊登署名文章《书海掣鲸毛泽东——读〈毛泽东读书笔记精讲〉有感》。

9月30日　在天安门广场出席烈士纪念日向人民英雄纪念碑敬献花篮仪式。

10月11日　出席人民出版社和中央文史研究馆联合主办的《王蒙谈文化自信》出版座谈会。

10月12日　出席国家图书馆南区建成开馆30周年座谈会。

10月18日　《北京文学》第11期刊登散文《维吾尔人》。

10月26日　应江西省宜春市文联邀请在宜春学院"宜春文艺讲坛"做"永远的文学"讲座。

10月28日　出席2017全球赣商文化论坛并做"我们与传统文化"讲座。

10月30日　在安徽省霍山县出席月亮湾作家村开村仪式，并应邀做"永远的文学"讲座。

11月4日　在国家大剧院接受国家大剧院建院十周年专访。

11月6日至10日　飞赴日本东京，与一般财团法人欧亚综合研究所及樱美林大学相关人士会面。会见佐藤纯子、横川健等老友。访问日本创价学会，会见创价学会原田稔会长。在樱美林大学桂冠堂，三谷高康校长代表樱美林大学授予王蒙荣誉文学博士学位。出席关西日中关系学会及神户社会人大学、日中关系各团体的演讲交流会。

11月13日　接受凤凰卫视大型高端访谈节目《中国境界》采访。

11 月 17 日　接受《人民日报》政治文化部关于"十九大谈学习体会和感悟"的采访。

11 月 18 日　出席第 14 届东亚实学国际高峰论坛。

11 月 26 日　在王府井书店出席新书《中华玄机》读者见面会。

11 月 29 日　应中央党校国家机关分校邀请在石油管理干部学院授课："文化与自信"。

12 月 8 日　第十七届百花文学奖在天津颁奖，《奇葩奇葩处处哀》获得中篇小说奖。

12 月 9 日　出席"王蒙先生加盟中国海洋大学 15 周年座谈会"。

12 月 10 日　出席"王蒙系列文化新著出版暨王蒙文化思想学术研讨会"。

12 月 15 日　应国土资源部史志办公室邀请，出席国土资源文化建设研讨会。

12 月 16 日　应中央国家机关领导干部博士研究生工作办公室邀请讲课："文化自信与中华传统"。

12 月 19 日　应中央党校邀请为新疆班讲课。

12 月 20 日　接受央视《新闻联播》采访。

12 月 25 日　接受北京人艺影视中心关于英若诚的纪录片的采访。

12 月 26 日　《人民日报》刊载署名纪念文章《余光中永在》。

12 月 27 日　接受央视《文明之旅》采访。

2018 年

1 月 3 日　应中华文学基金会和北京好未来教育科技有限公司邀请录制"传统文化"课程。

1 月 10 日　上午应政协文史馆邀请参观展览。

1 月 11 日　出席在国展举办的《太阳鸟文丛》20 周年活动。

1 月 20 日　在国家图书馆做部级领导干部历史文化讲座"文化自信与中华传统"。

2 月 5 日　出席 2018 年文化部老干部迎春团拜会。

3 月 5 日　与中央民族大学赵士林教授对谈。

3 月 7 日　接受广东电视台《改革开放 40 年》采访。

3 月 13 日至 15 日　在青岛会见住青岛的新疆朋友。

3 月 22 日　接受河南戏曲声音博物馆《文化郑州名人行》访谈。应河南嵩山书局"纸年轮"讲堂邀请在河南艺术中心做讲座"阅读经典"。

3 月 24 日　应山东省出版集团邀请，在济南做"极致与从容"讲座。

3 月 27 日　出席中央文史研究馆馆员双月文化座谈会。

3 月 31 日　出席韦君宜纪念座谈会。

4 月初　《中国人的思路》一书由外文出版社出版。

4 月 9 日　在鲁迅文学院出席《海边兔子有所思》新书首

发暨鲁院研讨会暨张炜新书研讨会。

4 月 12 日　腾讯公司来家中录制读书日视频。

4 月 18 日　在奉化溪口蒋介石故居进行文化考察。

4 月 19 日　出席余姚"2018 阳明心学"峰会并作主旨发言。

4 月 20 日　在桃源书院出席祭孔典礼暨桃源书院四明桃源图研讨会。

4 月 22 日　泰国驻华大使到王蒙家中拜访。

4 月 26 日　在天津，应天津海河名家读书讲堂的邀请举办题为"阅读经典"的讲座；参观天津大学冯骥才文学艺术研究院并会见冯骥才。

4 月 29 日　应第三届中国整合医学会邀请，在西安做"医学与文学"讲座。

5 月 3 日　诗琳通公主到北京世茂奥林王蒙家中拜访。

5 月 6 日　在全国政协礼堂出席《我到新疆去》首映仪式。

5 月 8 日　在中国现代文学馆出席陈彦长篇小说《主角》研讨会。

5 月 14 日　在中国现代文学馆应中国作协邀请做"永远的文学"讲座。

5 月 16 日　应鲁迅文学院邀请为"现实主义创作题材作家高级研修班"做"王蒙谈《红楼梦》"讲座。

5 月 18 日至 28 日　出访古巴、巴西、智利等国。

6 月 7 日　在《人民日报》（海外版）第 11 版发表署名文

章《如果没有中国，这世界太寂寞》。

6月8日　出席"广西第一届钦州坭兴陶文化艺术节暨南向通道陶瓷博览会"开幕式。

6月9日　出席"2018年文化和自然遗产日主题活动暨第三届千年坭兴陶古龙窑火祭"大典。

6月15日　在中央党校为新疆班做讲座。

6月19日　在军事科学院研究生院做"文化自信与中华传统"讲座。

6月22日至27日　赴新疆调研考察。

7月4日　应中外文化交流中心邀请做"学习贯彻党的文化思想"讲座。

7月5日　赴北戴河。

8月25日　出席在十月文学院举办的第二届中国网络文学+大会组织的"传统文学vs网络文学六家谈"活动。

8月26日　应邀在第十六届北京国际图书节做"极致与从容"讲座。

9月6日　中央文史出版社编辑出版王蒙散文集《天地·岁月·人》。

9月8日至19日　赴地中海旅游。

9月26日　出席"王蒙文学艺术馆建馆四周年美术作品展"开幕式及系列活动；出席青春万岁诗文朗诵会。

9月27日　出席在青岛举办的"中国改革开放40周年小

说论坛暨最有影响力小说评选活动"发布会及颁奖仪式;《活动变人形》《春之声》入选改革开放 40 年最有影响力 40 部小说。

9 月 30 日　在天安门广场出席烈士纪念日向人民英雄纪念碑敬献花篮仪式。

10 月 8 日　在北京师范大学出席《十月》杂志四十周年座谈会和朗诵会。

10 月 10 日　出席中国现代文学馆举办的《马识途文集》发布会和书法展。

10 月 13 日　应陕西西安西咸新区邀请做"阅读经典"讲座。

10 月 15 日　在西安出席由国务院参事室、中央文史研究馆和陕西省人民政府共同主办的"中华文化四海行——走进陕西"活动启动仪式,作题为"谈中华优秀传统文化中的革新精神"的演讲。

10 月 21 日至 23 日　出席河北省沧州市南皮县王蒙馆开馆仪式,参观王蒙馆等。出席张之洞纪念馆开馆仪式。

11 月 5 日　应全国老龄工作委员会办公室邀请做"阅读经典"讲座。

11 月 11 日　出席新著《中国人的思路》出版座谈会。

11 月 12 日至 13 日　出席杜保瑞教授学术报告会。

11 月 24 日至 28 日　在上海做有关《红楼梦》的讲座;接受文汇报等媒体采访;出席"从《青春万岁》到《活动变人形》——王蒙创作谈"读书会。

11 月 29 日　在杭州电视台拍摄人民文学奖改革开放四十周年特别贡献奖视频；出席"江南文化与新时代"论坛。

11 月 30 日　应上海市委统战部等邀请做"说不完的《红楼梦》"讲座。

12 月 2 日　应广州大剧院邀请做"极致与从容"讲座。

12 月 4 日　在深圳大学接受该校党委书记刘洪一颁发深圳大学饶宗颐文化研究院学术顾问聘书和深圳大学"好书会"导师聘书。

12 月 7 日　出席河源市"萧殷文学研讨会暨萧殷文学馆开馆"活动并做讲座。

12 月 12 日　应人民文学杂志社邀请出席 2018 年"弄潮杯·人民文学奖"活动。人民文学杂志社授予"改革开放 40 周年特别贡献奖"。

12 月 13 日　在中国艺术研究院出席"真理的追求——李希凡同志追思会"。为中央党校新疆班的学员授课。

12 月 16 日　出席《读懂中国》丛书首发式和第三届"读懂中国"国际会议开幕活动。

12 月 17 日　在家中接受央视四套《记住乡愁》拍摄采访。

2019 年

1 月 7 日　在大兴区北京国家教育行政学院做"格言与故事"讲座。

1月9日　在广西大厦出席聂振宁小说选《长乐》再版发布暨研讨会。

1月10日　出席《王蒙陪读红楼梦》新书首发活动。

1月18日　应曹雪芹研究会邀请继续担任北京曹雪芹学会名誉会长。

1月20日　在保利剧院出席文化和旅游部团拜会。

2月18日　出席国家图书馆第一届理事会成立大会。

2月26日　出席冯牧百年诞辰纪念座谈会。

2月28日　在文旅部南区出席老领导支部第一次全体会议。

3月2日　在温州崎君讲堂做"我的新疆故事与文学创作"讲座。

3月15日　在屈原祠及三峡坝区做文化调研。

3月16日　在宜昌图书馆做"永远的文学"讲座。

3月17日　在成都电子科技大学与诺贝尔文学奖获得者法国作家勒克莱齐奥先生对谈。

3月20日　在四川文化艺术学院参观"青山未老——王蒙的文学与人生陈列"等展览。出席"说不尽的《红楼梦》——王蒙、卜键、梅新林三人谈"活动。

3月22日　《人民日报》第十版刊载署名文章《新时代文化繁荣发展之道》。

4月2日至25日　分别在上海、武汉、海口、丽江、株洲等地考察以及对外经贸大学做"道通为一"讲座并考察。

5月8日 在天津考察并出席"冰河·凌汛·激流·漩涡——冯骥才记述文化五十年国际学术研讨会"开幕式。会见冯骥才、刘诗昆、韩美林等好友。

5月12日 在深圳大学出席"手中的笔和脚下的路——与王蒙先生话阅读、创作与人生"活动,与刘洪一、谷雪儿对谈。

5月13日 应深圳文学编辑部邀请出席第十五届文博会2013文化创客园分会场活动。

5月15日 在国家会议中心出席亚洲文明对话大会。参加亚洲文化嘉年华活动。

5月18日 出席中国海洋大学文学与新闻传播学院"致敬共和国文学70周年·王蒙新作青年分享会","郜元宝、宋炳辉兼职教授聘任仪式"等系列学术活动,并商谈文学科技论坛事宜。

5月19日 出席郜元宝、宋炳辉兼职教授聘任仪式并参加郜元宝教授学术报告会:王蒙笔下的女人们——兼谈他的近期新作。

5月24日 接受央视关于《红楼梦》的专访。

5月27日至6月2日 在新疆考察、调研;会见新疆维吾尔自治区书记陈全国、全国政协副主席邵鸿。

6月6日 被评为中俄人文交流领域作出贡献的中方十大杰出人物。

6 月 16 日　出席庆祝《光明日报》创刊 70 周年座谈会。

6 月 17 日　受中央文史馆邀请为第二届中央文史研究馆中华艺术大家讲习班做"文化传统与文化自信"讲座。

6 月 25 日　应中央党校邀请为新疆班做讲座。

6 月 26 日　为你读诗公众号录制《生死恋》视频；接受新疆广播电视台《我和我的祖国》专访。

6 月 27 日　出席"时代领读者"红色读书会启动仪式并做讲座。

6 月 30 日　出席《生死恋》新书首发活动。

7 月 5 日　应人民文学出版社邀请在 SKP 书店分享创作心得。

7 月 7 日　赴北戴河。

7 月 16 日　在人民大会堂出席纪念中国文联中国作协成立 70 周年座谈会并发言。

8 月 25 日　应第十七届北京国际图书博览会组委会邀请做"文化自信和文化定力"讲座。

9 月 1 日　在人民大会堂出席《中国精神读本》新书发布会。

9 月 8 日　在西安出席第四届"诗词中国"颁奖典礼，为西安市宣传文化干部做"传统文化与中国特色社会主义文化"讲座。

9 月 9 日　出席国家图书馆建馆 110 周年"图书馆与时代同行"国际研讨会开幕式。

9月10日　出席"叶嘉莹教授归国执教四十周年暨中华诗教国际学术研讨会"开幕式并讲话。

9月16日　在全国政协礼堂金厅出席"历届全国政协委员座谈会"。

9月17日　根据十三届全国人大常委会第十三次会议表决通过的全国人大常委会关于授予国家勋章和国家荣誉称号的决定，被授予"人民艺术家"国家荣誉称号。

9月20日　接受中央人民广播电台新闻节目中心中国之声、中央电视台新闻中心社会新闻部采访。

9月23日　接受人民日报等多家媒体集中采访；接受雒树刚部长颁发的中共中央、国务院、中央军委"庆祝中华人民共和国成立70周年纪念章"。

9月25日　出席"庆祝新中国成立70周年暨王蒙同志被授予'人民艺术家'国家荣誉称号座谈会"。

9月26日　拍摄"人民艺术家"照片。

9月27日　在北京展览馆参观"伟大历程辉煌成就——庆祝中华人民共和国成立70周年大型成就展"。

9月28日　在人民大会堂进行国家荣誉称号颁授仪式彩排，夫人单三娅陪同。

9月29日　中华人民共和国国家勋章和国家荣誉称号颁授仪式上午10时在人民大会堂隆重举行。中共中央总书记、国家主席、中央军委主席习近平向国家勋章和国家荣誉称号获得者分别授予"共和国勋章""友谊勋章"和国家荣誉称号奖章并发表重要讲话。14：30在部北区出席国家荣誉称号获得者交流座谈会。晚上在人民大会堂出席庆祝中华人民共和国成立70周年文艺晚会，观看音乐舞蹈史诗《奋斗吧 中华儿女》。

9月30日 上午出席烈士纪念日向人民英雄纪念碑敬献花篮仪式。晚上在人民大会堂出席庆祝中华人民共和国成立70周年招待会。

10月1日 在天安门出席庆祝中华人民共和国成立70周年阅兵仪式。

10月8日 《这边风景》俄文版出版。

10月14日 在人民日报社出席"总书记文艺工作座谈会讲话五周年交流会"。

10月15日 在中国现代文学馆出席"粤港澳大湾区文学笔会启动仪式"和"开放与坚守——《花城》创刊四十周年座谈会"。

10月17日 出席王蒙文学馆开馆仪式暨"王蒙与中国当代文学"座谈会；出席人民出版社"永远的文学"和《王蒙妙语录》新书发布会。

10月19日 出席中国海洋大学、中国作协举办的"科学·人文·未来"论坛。

10月22日 应中华世纪坛世界艺术中心（朱天一）邀请，在中华世纪坛出席"北京国际摄影周开幕活动及时间与记忆主题论坛"。

10 月 26 日　应湖南大学邀请在"文学名家走近千年学府论坛"做"永远的文学"讲座。

10 月 29 日　出席王船山思想国际学术研讨会开幕式并作主题发言"新时代的精神开拓与精神资源"。

11 月 4 日　应中央电视台邀请在紫玉山庄拍摄《故事里的中国》。

11 月 6 日至 13 日　出访阿联酋、约旦、以色列等国，出席第四届"丝绸之路研讨会"并作题为"文明·文学·文化"的发言，讲述中国传统文化；会见苏联在以色列的汉学家托洛普采夫。

11 月 16 日　应国际儒学联合会邀请在人民大会堂出席"纪念孔子诞辰 2570 周年国际学术研讨会暨国际儒学联合会第六届会员大会开幕式"。王岐山、刘延东等领导出席开幕式。

11 月 21 日　应中国作协邀请出席在首都宾馆召开的"《文艺报》《人民文学》创刊 70 周年座谈会"。

11 月 23 日　应中央电视台、喜马拉雅公司邀请在中央美院录制《一堂好课》。

11 月 26 日　出席离退休干部局第一党支部参观香山革命纪念馆活动；出席《这边风景》影视化的新闻发布会。

11 月 27 日　应中央文史馆邀请，在中央文史馆学习党的十九届四中全会精神，座谈"优秀传统文化对治国理政的启示"。

11 月 29 日至 30 日　出席茶道论坛——第一届茶文化论坛开幕礼并做"文学的世界"讲座。

12 月 6 日　在中国现代文学馆出席第十届"茅台杯"《小说选刊》年度大奖颁奖活动。《生死恋》获中篇小说奖。

12 月 8 日　应邀在"三亚·财经国际论坛"全会上作主旨演讲。

12 月 12 日　在樊登书店出席"樊登读书会"节目录制。

12 月 14 日　应中国实学研究会邀请，在北京会议中心出席 2019 年中国实学大会开幕式。

12 月 17 日　出席《光明日报》"新中国文学记忆"特刊座谈会。

12 月 18 日　应故宫博物院邀请做"传统文化与文化自信"讲座。

12 月 25 日　应中央党校邀请为新疆班做讲座。

12 月 27 日　出席《当代》创刊杂志四十周年座谈会。

12 月 28 日　在国家博物馆出席"曹雪芹《红楼梦》与中国文化研讨会"开幕式并致辞。

2020 年

1 月 6 日　在国家博物馆观看"红楼梦"展览。

1 月 8 日 在人民大会堂出席"百花迎春——中国文学艺术界 2020 春节大联欢"。

1 月 9 日 应人民文学出版社邀请在老国展出席《王蒙文集》发布会。

1 月 10 日 应北京曹雪芹学会和国家博物馆邀请在国家博物馆讲述《红楼梦》。

1 月 13 日 在国家博物馆参加文化和旅游部春节团拜会。

2 月 广西师范大学出版社出版《页页情书》。

4 月 13 日 应全国政协文化文史和学习委员会邀请,担任全国政协委员读书活动指导组成员。

4 月 20 日 应全国政协委员读书活动指导组办公室邀请,出席委员读书活动指导组第一次会议。

4 月 23 日 应全国政协邀请,出席全国政协委员读书活动启动仪式。

4 月 25 日 《光明日报》刊载《书香悦性灵典籍正人心——"世界读书日"三人谈》;作家出版社有限公司出版《笑的风》、天地出版社出版《王蒙讲孔孟老庄》。

5 月 18 日 应北京市文联邀请,商谈文联 70 周年活动事宜。江苏凤凰文艺出版社出版《人生即燃烧》、人民文学出版社出版《忘却的魅力》。

6 月 4 日 应喜马拉雅公司邀请,录制 80 回视频《王蒙讲述红楼梦》。

6月10日 《光明日报》第14版刊载《你追求了什么？——王蒙、单三娅关于长篇小说〈笑的风〉的对话》。应央视邀请接受"七一"《誓言》节目采访录制。

6月29日 应中央广播电视总台邀请出席《国家勋章和国家荣誉称号获得者系列人物宣传片》发布仪式并致辞。

8月28日 在国家大剧院观看北京市文联文艺演出。

9月8日 应邀在北京图书大厦进行文学对话："让文学留住时光，做高龄少年"。

9月10日 赴北七家看望张文新先生。

9月15日至16日 应黑龙江省政协文化文史和学习委邀请在省政协机关做"中华文化：特色与生命力"讲座；会见黑龙江省委书记、省人大常委会主任张庆伟、黑龙江省政协主席黄建盛。

9月30日 出席烈士纪念日向人民英雄纪念碑敬献花篮仪式和国庆招待会。

10月9日至10日 在中国海洋大学参加刘醒龙、何向阳、刘金霞驻校作家聘任仪式暨何向阳学术报告会。

10月12日至14日 在苏州出席第四届国际化学校行业年会开幕式并发表题为"中华文化与人类命运共同体"的演讲。

10月 广东人民出版社出版《王蒙文学回忆录》

11月1日至2日 赴河北沧州南皮出席"王蒙文学作品插图名家新作展"，并参观张之洞馆等。

11月11日　在中国社科院与日本儒学专家座谈。

11月12日　参与协商中信信托关于捐赠事宜；应邀出席《中国作家》首届"五粮液"杯阳翰笙剧本颁奖典礼。

11月22日　出席第二届当代文人书法周开幕式，宣布"全国第二届当代文人书法周"开幕并作题为"文字、文学与文化"的演讲。

11月23日　赴广州与导演编剧沟通《活动变人形》改编事宜；在广州大剧院出席"我们的文艺生活——王蒙与你面对面暨舞台剧《活动变人形》启动仪式"。

11月28日　出席中国互联网艺术大会开幕式并作主旨发言。

12月2日　《人民日报》刊载署名文章《老城新风记南皮》。

12月4日　应国际儒学联合会邀请在北京大学出席"中日和合文明论坛——为构建人类命运共同体提供东方智慧"并发言。

12月7日　出席"王蒙青年文学发展专项基金"捐赠和签约仪式。

12月9日　与中国作家协会党组书记钱小芊、副主席李敬泽见面，商谈"王蒙青年文学发展专项基金"有关事宜。

12月12日　在民族文化宫参观"熊光楷藏书票展"。

12月14日　应中国科学院大学邀请做"《红楼梦》的散点透视"讲座。

12 月 26 日　在中国现代文学馆接受《文艺报》专访。

2021 年

1 月 9 日　新华网客户端刊载《王蒙：读荀恨晚》。

1 月 13 日　参加中国文联拍摄"百花迎春晚会"视频。

1 月 14 日　应全国政协办公厅邀请在全国政协礼堂出席全国暨地方政协委员读书经验网上交流会。

1 月 26 日　澎湃在线刊载《王蒙：文学小说的迟子建做法》。

1 月 27 日　《文艺报》刊发《所有的日子，所有的日子都来吧，让我编织你们……》。

2 月 24 日　应全国政协民族宗教委员会邀请出席"建设新时代美好新疆"委员读书活动线下交流会，并分享文化润疆与"我的新疆故事"。

3 月 20 日　在中央电视台录制《朗读者》。

3 月 26 日　出席"繁荣新时代文学创作出版暨人民文学出版社 70 周年座谈会"并发言。

4 月 16 日　在中国艺术研究院做"文学艺术目标与远景"讲座。

4 月 21 日　出席《清代教育档案文献》研讨会。

4 月 22 日　在《中华文化大讲堂》做"中华文化：特色与生命力"讲座。

4月24日　在广西师范大学出席客座教授聘任仪式并做"语言的艺术"讲座。

4月29日　在国家大剧院出席庆祝中国共产党成立100周年"文艺经典中的党史"活动。

4月30日　在王府井嘉德艺术中心出席"高占祥画展"。

5月24日　在北京孔庙国子监博物馆彝伦堂报告厅出席《国际儒学》创刊发布会并讲话。

5月26日至27日　出席"中国海洋大学文化长廊揭幕仪式"和"王蒙最新长篇小说《笑的风》学术研讨会",并应邀做"文学里的党史与党史中的文学"讲座。

5月29日　在国家行政学院港澳中心会议厅出席"中国共产党领导力论坛"并作主题为:"文化初心与文化使命"的演讲。

6月5日至6日　出席"首届瑞金论坛——学习中国共产党的历史学术研讨会"并发言;前往叶坪旧址群考察并向红军烈士纪念塔敬献花篮;出席红色故都项目瑞金论坛会址奠基仪式。

6月8日　出席文化和旅游部离退休人员服务中心庆祝建党100周年音乐会。

6月9日　参加中国作协录制建党100周年活动视频。

6月23日　出席文化和旅游部"光荣在党50年"纪念章颁发仪式,领誓入党誓词并代表老党员发言。

6月28日　出席庆祝中国共产党成立100周年大型文艺演出。

6月29日　在人民大会堂出席"七一勋章"颁授仪式。

7月1日　在天安门广场出席庆祝中国共产党成立100周年大会。

7月3日至9日　应伊宁市委市政府邀请在伊宁市会务中心讲党课。赴巴彦岱镇出席江苏凤凰出版传媒集团为王蒙书屋捐赠图书仪式；会见巴彦岱镇老朋友卡力·木拉克、尤里达西·吾休尔、金国柱等。出席"王蒙研究全国联席会议第一届学术年会"。

8月20日　在天桥剧场观看《活动变人形》舞台剧。

9月13日　在鲁迅文学院接受北京冬奥组委采访。

9月17日　应北京国际图书节组委会邀请出席《名家大讲堂》并做"党史的文化内涵与党的文化战略"讲座。

9月22日　在翠湖接受央视国庆晚会视频录制。会见"人民艺术家"口述史录制团队。

9月23日　应全国政协读书活动指导小组办公室邀请出席委员读书活动。

9月28日　应中国文联办公厅邀请录制《时代风尚——中国文艺志愿者崇德尚艺特别节目》。

9月30日　出席向人民英雄纪念碑敬献花篮仪式和国庆招待会。

10 月 9 日　参观古井产业园。应《小说选刊》杂志社和安徽亳州市委宣传部邀请做党史教育讲座。

10 月 11 日　应北京市委宣传部邀请，出席"中国网络文学 +"大会。

10 月 13 日　在梅兰芳大剧院作主题演讲：理想与激情。

10 月 17 日　出席"中国共产党建党百年大庆与党领导的文化工作：上海市延安中学图书馆馆藏签名盖章书刊展"（熊光楷将军收藏展）；出席王蒙诗文朗诵会。

10 月 18 日　在四川省绵阳市出席四川文化艺术学院 20 年校庆活动。

10 月 20 日　出席中央文史研究馆馆员双月文化座谈会。

10 月 22 日　应北京师范大学组织部邀请为"中央和国家机关司局级干部研修班"做"传统文化特色与生命力"讲座。

10 月 26 日　在中国共产党历史展览馆出席"繁荣党的出版事业暨人民出版社成立 100 周年"座谈会。

10 月 27 日　受邀担任首都师范大学荣誉教授并做讲座。

11 月 23 日　2021 年花地文学榜在深圳福田揭晓，因《笑的风》获年度致敬作家。

11 月 24 日　在中央电视台影视之家接受中央电视台社教节目中心纪录片《孔子和我们》采访。

11 月 29 日　应《百年巨匠》节目组邀请，在中国现代文学馆接受关于马识途先生的采访。

11 月 30 日　在炎黄艺术馆出席"百花齐放推陈出新"中国艺术研究院艺术大展开幕式（中国艺术研究院成立 70 周年）。

12 月 8 日　在中国现代文学馆就"青春万岁"主题接受国家图书馆和北京电视台采访。

12 月 9 日　应新疆班邀请做"当代作家写新疆"讲座。

12 月 14 日　在人民大会堂出席"中国作家协会第十次全国代表大会"开幕式。

12 月 24 日　在中南海小礼堂出席国务院参事、中央文史研究馆馆员座谈会。

2022 年

1 月 6 日　应中国海洋大学邀请，出席《猴儿与少年》学术研讨会。

1 月 9 日　在家中见艾克拜尔和维吾尔族作家艾合提等。

1 月 10 日　在家中展示 1951 年作品《初恋》。

1 月 13 日　应中国文联邀请，在中国现代文学馆参加《百花迎春——中国文学艺术界 2022 春节大联欢》节目录制。

1 月 17 日　应中国教育电视台邀请，参与《诗意中国》节目录制。

2 月 14 日　应韩美林邀请，参观北京韩美林艺术馆。

2 月 21 日　接受凤凰卫视《文化大观园》栏目组的采访。

2 月 25 日　出席离退休干部局第一党支部党员换届选举

大会。

4月 王蒙《从前的初恋》获"人民文学奖"中篇小说奖。

5月 《王蒙散文》由人民文学出版社出版；应邀接受中央电视台"鲁健访谈"栏目《对话王蒙》采访。

9月 《北京文学》（9月号）发表王蒙中篇新作《霞满天》；首届（2021—2022）入选"王蒙青年作家支持计划·年度特选作家"的3位作家为孙频、渡澜、郑在欢，王蒙出席并颁奖。

10月 《天地人生——中华传统文化十章》由江苏人民出版社出版；央视《面对面》播出"王蒙：不老的青春"。

2023 年

1月2日 参加由人民文学出版社在北大红楼举办的"百位名人迎新领读——2023文学中国跨年盛典"。

2月 为浙江省杭州市萧山区江南初级中学文学社题词：创造美好生活。

2月10日 出席全国政协委员读书活动经验交流会并接受《人民政协报》记者采访。

2月18日 赴榆林出席首届中国非物质文化遗产保护年会论坛。

3月21日 出席中国作家协会"作家活动周"并开讲"春天一堂课"。

3月27日 王蒙赴深圳携新作《霞满天》做客中心书城

并赴前海文化讲堂做讲座。

4月8日　赴陕西参加"文化大家王蒙与陕西作家见面座谈会"。

4月9日　在陕西省黄陵县参加"黄帝文化论坛之中华文明大家论"并做开坛首场演讲。

4月23日　《天地人生——中华传统文化十章》入选"2022年度中国好书"。赴中央团校为学员们做"学习　阅读　实践"讲座。

4月24日　赴江苏泰州出席"王干书屋"揭牌仪式，举办讲座等。

5月13日　《猴儿与少年》获得首届"漓江文学奖"长篇小说奖。

5月22日　出席中国作家协会"作家活动周"暨中国作家"益阳文学周"开幕式，并讲授"清溪一课"。

6月11日至14日　在中国海洋大学出席"王蒙先生从事文学创作70周年系列学术活动"。

8月25日　在国家大剧院观看舞台剧《活动变人形》演出。

8月26日　在国家图书馆出席《王蒙解读传统文化经典系列》新书发布会暨出版座谈会。

8月29日　在《人民日报》发表署名文章《彰显中华文明突出特性推进中国式现代化》。

附录二　参考资料

《习近平谈治国理政》第一卷，外文出版社 2018 年版。

《习近平谈治国理政》第二卷，外文出版社 2017 年版。

《王蒙八十自述》，人民出版社 2013 年版。

《王蒙自传》（三部），人民文学出版社 2014 年版。

《王蒙的诗》，四川文艺出版社 2017 年版。

《王蒙解读传统文化经典系列》，江苏人民出版社 2023 年版。

王蒙小说、散文集

王蒙：《青春万岁》，人民文学出版社 1979 年版。

王蒙：《霞满天》，花城出版社 2023 年版。

王蒙：《人生即燃烧》，江苏凤凰文艺出版社 2020 年版。

王蒙：《天地人生——中华传统文化十章》，江苏人民出版社、凤凰出版社 2022 年版。

冯友兰：《中国哲学简史》，北京大学出版社 2013 年版。

张中行：《顺生论》，中华书局 2006 年版。

[英] 齐格蒙·鲍曼:《现代性与大屠杀》,译林出版社 2011 年版。

王蒙、王干:《文学这个魔方》,北京联合出版公司 2016 年版。

丘成桐等:《我的几何人生——丘成桐自传》,译林出版社 2021 年版。

樊锦诗、顾春芳:《我心归处是敦煌——樊锦诗自述》,译林出版社 2019 年版。

林语堂:《苏东坡传》,湖南文艺出版社 2016 年版。

陈望衡、范明华等:《大唐气象》,江苏人民出版社 2022 年版。

[德] 乌尔里希·德吕纳:《瓦格纳传》,王蕾译,译林出版社 2021 年版。

孙玉胜:《十年:从改变电视的语态开始》,生活·读书·新知三联书店 2003 年版。

《环球人物》,2023 年第 14 期。

《人民文学》等文学期刊。

张睿颖:《王蒙小说〈青春万岁〉版本研究》,《中国当代文学研究》2021 年第 2 期。

《中华读书报》近年有关王蒙的采访。

中央电视台有关王蒙的节目《面对面》《我的艺术清单》《鲁健访谈》等的采访。

后 记

　　王蒙每天坚持步行五千步以上，风雨无阻，寒暑不变。王
蒙的脚步多么勤快呀。仔细地沿着他这十年的行动轨迹，无
论你是属于什么年龄层或是什么社会阶层的人、无论你是健
壮还是赢弱，王蒙的脚步总让你有一种赶不上的节奏和毅力。
从八十岁起的这十年，王蒙不只是"穿过大半个中国"，他到
过祖国的东西南北：北京、黑龙江、内蒙古、天津、河北、山
东、上海、江苏、安徽、江西、福建、河南、湖北、湖南、广
东、海南、陕西、山西、四川、贵州、云南、广西、新疆以及
香港、台湾；王蒙也跨洋过海到过世界近二十个国家和地区：
美国、俄罗斯、日本、马来西亚、埃及、土耳其、古巴、巴
西、智利、阿联酋、约旦、以色列以及意大利等地中海沿岸的
部分国家，"海内存知己，天涯若比邻。"这些地方，无论是初
识还是重访，王蒙踏破铁鞋，锲而不舍，众里寻他。

　　站在新的出发点上，2022 年 12 月 31 日，人民文学出版社
与百年中国文学见证地北大红楼共同举办"百位名人迎新领
读——2023 文学中国跨年盛典"。王蒙作为领读人，用笃定的

热情朗诵《青春万岁》序诗："用青春的金线，和幸福的璎珞"，抒发对未来的向往。

站在新的出发点上，2023 年 8 月 29 日王蒙在《人民日报》发表署名文章，以不辱使命的担当表示："不是重温，不是复古，正是为了进一步创造，为了更大的发展"。

站在新的出发点上，时光不居，岁月如风，王蒙正以"90后"的青春姿态走来，历史的画卷将一页一页地翻过。下一个十年，将更加灿烂辉煌。

策　　划：辛广伟
责任编辑：曹　春
特约编辑：陈汉萍
装帧设计：木　辛
责任校对：周　昕

图书在版编目（CIP）数据

王蒙这十年／王干，王洪　著．—北京：人民出版社，2023.9
ISBN 978－7－01－025937－6

I.①王…　II.①王…②王…　III.①王蒙－评传　IV.①K825.6

中国国家版本馆 CIP 数据核字（2023）第 171666 号

王蒙这十年

WANGMENG ZHE SHINIAN

王　干　王　洪　著

人民出版社 出版发行
（100706　北京市东城区隆福寺街 99 号）

北京盛通印刷股份有限公司印刷　新华书店经销

2023 年 9 月第 1 版　2023 年 9 月北京第 1 次印刷
开本：880 毫米 ×1230 毫米 1/32　印张：8.375
字数：158 千字

ISBN 978－7－01－025937－6　定价：68.00 元

邮购地址 100706　北京市东城区隆福寺街 99 号
人民东方图书销售中心　电话（010）65250042　65289539